プリント形式のリアル過去問で本番の臨場感！

三重県

四日市メリノール学院中学校

2025年春受験用

解答集

本書は，実物をなるべくそのままに，プリント形式で年度ごとに収録しています。
問題用紙を教科別に分けて使うことができるので，本番さながらの演習ができます。

■　収録内容

・解答集（この冊子です）

書籍ＩＤ番号，この問題集の使い方，最新年度実物データ，リアル過去問の活用，解答例と解説，ご使用にあたってのお願い・ご注意，お問い合わせ

・2024（令和６）年度　～　2022（令和４）年度　学力検査問題

JN131878

○は収録あり	年度	'24	'23	'22			
■ 問題(育成)※		○	○	○			
■ 解答用紙		○	○	○			
■ 配点							

算数に解説があります

※作文は非公表
注)国語問題文非掲載:2023年度の1

問題文の非掲載につきまして

著作権上の都合により，本書に収録している過去入試問題の本文の一部を掲載しておりません。ご不便をおかけし，誠に申し訳ございません。

本文の一部を掲載できなかったことによる国語の演習不足を補うため，論説文および小説文の演習問題のダウンロード付録があります。弊社ウェブサイトから書籍ＩＤ番号を入力してご利用ください。

なお，問題の量，形式，難易度などの傾向が，実際の入試問題と一致しない場合があります。

教英出版

■　書籍ＩＤ番号

入試に役立つダウンロード付録や学校情報などを随時更新して掲載しています。
教英出版ウェブサイトの「ご購入者様のページ」画面で，書籍ＩＤ番号を入力してご利用ください。

書籍ＩＤ番号　104425

（有効期限：2025年9月30日まで）

【入試に役立つダウンロード付録】
「要点のまとめ(国語／算数)」
「課題作文演習」ほか

■　この問題集の使い方

年度ごとにプリント形式で収録しています。針を外して教科ごとに分けて使用します。①片側，②中央のどちらかでとじてありますので，下図を参考に，問題用紙と解答用紙に分けて準備をしましょう（解答用紙がない場合もあります）。

針を外すときは，けがをしないように十分注意してください。また，針を外すと紛失しやすくなりますので気をつけましょう。

① 片側でとじてあるもの

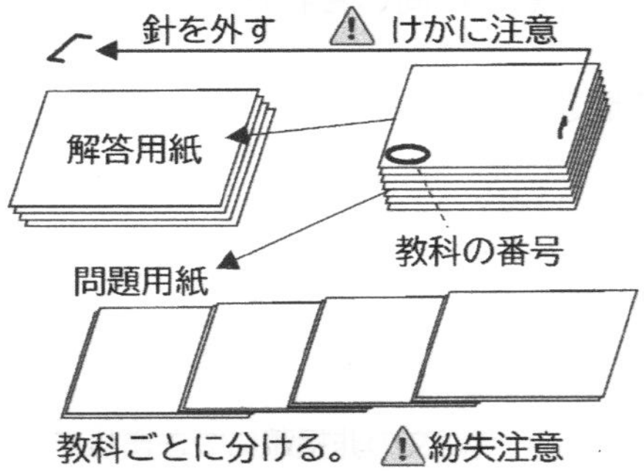

② 中央でとじてあるもの

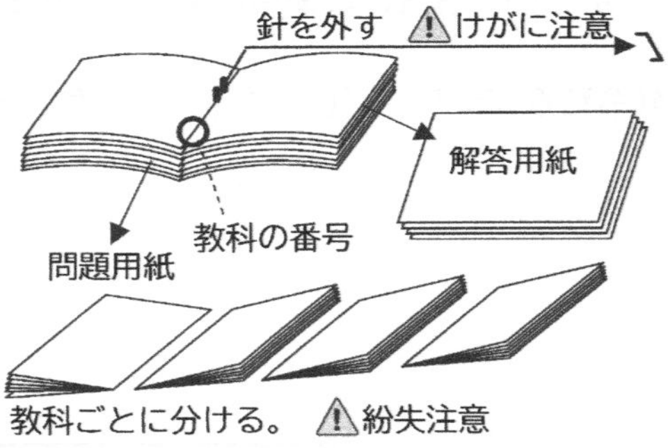

※教科数が上図と異なる場合があります。
解答用紙がない場合や，問題と一体になっている場合があります。
教科の番号は，教科ごとに分けるときの参考にしてください。

■　最新年度　実物データ

実物をなるべくそのままに編集していますが，収録の都合上，実際の試験問題とは異なる場合があります。実物のサイズ，様式は右表で確認してください。

問題用紙	Ａ４冊子(二つ折り) 国語別紙：Ｂ４片面プリント
解答用紙	Ｂ４片面プリント

リアル過去問の活用

～リアル過去問なら入試本番で力を発揮することができる～

本番を体験しよう！

問題用紙の形式（縦向き / 横向き），問題の配置や余白など，実物に近い紙面構成なので本番の臨場感が味わえます。まずはパラパラとめくって眺めてみてください。「これが志望校の入試問題なんだ！」と思えば入試に向けて気持ちが高まることでしょう。

入試を知ろう！

同じ教科の過去数年分の問題紙面を並べて，見比べてみましょう。

① 問題の量

毎年同じ大問数か，年によって違うのか，また全体の問題量はどのくらいか知っておきましょう。どのくらいのスピードで解けば時間内に終わるのか，大問ひとつにかけられる時間を計算してみましょう。

② 出題分野

よく出題されている分野とそうでない分野を見つけましょう。同じような問題が過去にも出題されていることに気がつくはずです。

③ 出題順序

得意な分野が毎年同じ大問番号で出題されていると分かれば，本番で取りこぼさないように先回りして解答することができるでしょう。

④ 解答方法

記述式か選択式か（マークシートか），見ておきましょう。記述式なら，単位まで書く必要があるかどうか，文字数はどのくらいかなど，細かいところまでチェックしておきましょう。計算過程を書く必要があるかどうかも重要です。

⑤ 問題の難易度

必ず正解したい基本問題，条件や指示の読み間違いといったケアレスミスに気をつけたい問題，後回しにしたほうがいい問題などをチェックしておきましょう。

問題を解こう！

志望校の入試傾向をつかんだら，問題を何度も解いていきましょう。ほかにも問題文の独特な言いまわしや，その学校独自の答え方を発見できることもあるでしょう。オリンピックや環境問題など，話題になった出来事を毎年出題する学校だと分かれば，日頃のニュースの見かたも変わってきます。

こうして志望校の入試傾向を知り対策を立てることこそが，過去問を解く最大の理由なのです。

実力を知ろう！

過去問を解くにあたって，得点はそれほど重要ではありません。大切なのは，志望校の過去問演習を通して，苦手な教科，苦手な分野を知ることです。苦手な教科，分野が分かったら，教科書や参考書に戻って重点的に学習する時間をつくりましょう。今の自分の実力を知れば，入試本番までの勉強の道すじが見えてきます。

試験に慣れよう！

入試では時間配分も重要です。本番で時間が足りなくなってあわてないように，リアル過去問で実戦演習をして，時間配分や出題パターンに慣れておきましょう。教科ごとに気持ちを切り替える練習もしておきましょう。

心を整えよう！

入試は誰でも緊張するものです。入試前日になったら，演習をやり尽くしたリアル過去問の表紙を眺めてみましょう。問題の内容を見る必要はもうありません。どんな形式だったかな？受験番号や氏名はどこに書くのかな？…ほんの少し見ておくだけでも，志望校の入試に向けて心の準備が整うことでしょう。

そして入試本番では，見慣れた問題紙面が緊張した心を落ち着かせてくれるはずです。

※まれに入試形式を変更する学校もありますが，条件はほかの受験生も同じです。心を整えてあせらずに問題に取りかかりましょう。

2024 解答例 令和6年度　四日市メリノール学院中学校【育成】

《国語》

1 問一．A．オ　B．ウ　C．イ　D．ア　E．エ　問二．(1)ケンジ　(2)アキラ

問三．子どもたちにつかまること。　問四．追い込んだコイが、自ら岸に上がってしまったから。

問五．さすがに魚取りの話になると、ケンジの目つきは変わった。　問六．表情

問七．ケンジが両手でコイを押さえ込みにいったこと。　問八．しばらくみんなの沈黙が続いた

2 問一．①森　②旅　③石　④背　問二．①ア　②オ　③イ　④ウ　⑤エ　⑥イ

問三．①ウ　②ア　③エ　④イ　⑤ア

《算数》

1 (1)1109　(2)30　(3)$1\frac{1}{5}$

2 (1)18.24　(2)67

3 (1)6　(2)2632　(3)$2\frac{13}{15}$

4 (1)2.5　(2)500　(3)800

5 (1)17　(2)47　(3)140，145

6 (1)12　(2)13

《理科》

1 (1)エ　(2)400 ㎝　(3)ウ　(4)エ　(5)ウ

2 (1)熱伝導　(2)エ　(3)ウ　(4)B，C　(5)ア　(6)気体

3 (1)①(a)卵　(b)幼虫　(c)さなぎ　(d)成虫　②ウ　③エ　④トンボ／セミ／バッタ　などから1つ

(2)①３　②６　③頭　④胸　⑤腹　⑥４　⑦羽　(3)ア，イ，ウ，キ

4 (1)ウ　(2)A．がけ　B．河原　(3)イ　(4)水が流れる速さがおそいほど，土砂をたい積させるはたらきが大きい。／水が流れる速さが速いほど，土砂をたい積させるはたらきが小さい。　などから1つ

(5)①P　②S　③P．エ　S．イ　④ア．堤防／土手／堤　などから1つ　イ．遊水池／貯水池／ため池　などから1つ

《社会》

1 問1．ラムサール　問2．イ　問3．イ　問4．紀伊　問5．京都府

問6．①原子力　②地震　③再生

2 問1．①ア　②オ　③キ　④ウ　⑤ケ　問2．ア　問3．枕草子　問4．イ

3 問1．①ウ　②オ　③キ　④カ　⑤ア　問2．現在，日本には多くの外国籍の人が住んでいるが，例えば，外国籍の子どもには日本国籍の子どもと同様に教育を受ける権利が保障されていない。このような問題自体を知らない人も多いため，正しい情報を発信して世の中に周知し，法整備を進めていくのがよい。　問3．エ

4 問1．①ア　②ウ　③キ　④ク　問2．ウ　問3．イ

5 ①ア　②オ　③イ　④カ　⑤ウ　問1．支援によって他の人と違うという意識が強くなり，偏見が生まれることを防ぐため，そのような支援がなぜ必要なのかを含めて，性的マイノリティーについての理解を社会全体で進めていく必要がある。

1 (1) 与式＝(513－123)＋719＝390＋719＝**1109**

(2) 与式＝40－20×６÷12＝40－120÷12＝40－10＝**30**

(3) 与式$=\frac{17}{9}\div(\frac{2}{3}+\frac{3}{4})-\frac{8}{9}\times\frac{3}{20}=\frac{17}{9}\div(\frac{8}{12}+\frac{9}{12})-\frac{2}{15}=\frac{17}{9}\times\frac{12}{17}-\frac{2}{15}=\frac{4}{3}-\frac{2}{15}=\frac{20}{15}-\frac{2}{15}=\frac{18}{15}=\frac{6}{5}=\mathbf{1\frac{1}{5}}$

2 (1) **【解き方】しゃ線部の一部を右図の矢印のように移動させると，しゃ線部の面積は，半径８cmの四分円の面積から，直角をはさむ２辺が８cmの直角二等辺三角形の面積を引いて求められる。**

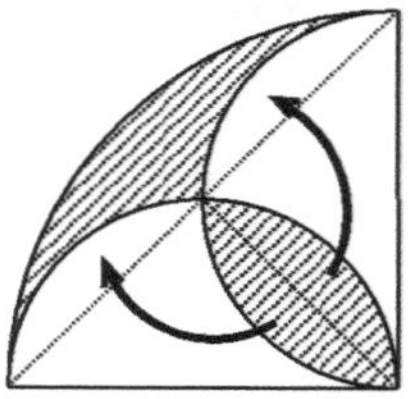

半径８cmの四分円の面積は，８×８×3.14×$\frac{1}{4}$＝50.24(cm²)

直角をはさむ２辺が８cmの直角二等辺三角形の面積は，８×８÷２＝32(cm²)

よって，求める面積は，50.24－32＝**18.24**(cm²)

(2) **【解き方】ｎ角形の内角の和は，180°×(ｎ－２)で求められる。**

六角形の内角の和は，180°×(６－２)＝720°だから，正六角形の１つの内角の大きさは，720°÷６＝120°である。

四角形アイウキの内角の和より，角キ＝360°－53°－120°×２＝**67°**

3 (1) **【解き方】３でも５でも割り切れる数は，３と５の最小公倍数である15の倍数である。**

100÷15＝６余り10より，**６個**ある。

(2) 7520円の半額は7520÷２＝3760(円)である。3760円の30%引きは，3760円の100－30＝70(%)だから，求める代金は，3760×$\frac{70}{100}$＝**2632**(円)

(3) **【解き方】並んでいる数の形を変えると，$\frac{1}{1}$，$\frac{4}{2}$，$\frac{7}{3}$，$\frac{10}{4}$，$\frac{13}{5}$，…となる。ｎ番目の数字は，分母がｎ，分子が１に３を(ｎ－１)回足した数字だから，１＋３×(ｎ－１)となる。**

15番目の数字は，$\frac{1+3\times(15-1)}{15}=\frac{43}{15}=\mathbf{2\frac{13}{15}}$である。

4 (1) **【解き方】一定の割合で水を入れるとき，１分間に入れる水の量と，水そうがいっぱいになるまでにかかる時間は反比例する。**

グラフより，１分間に２Ｌずつ水を入れると，25分でいっぱいになるから，水そうの容積は２×25＝50(Ｌ)である。この量の水を20分で入れるには，１分間に入れる水の量を，50÷20＝**2.5**(Ｌ)にすればよい。

(2) **【解き方】かげの長さは物の高さに比例する。**

100cmの棒のかげの長さは52cmだから，かげの長さが260cmの建物の高さは，100×$\frac{260}{52}$＝**500**(cm)である。

(3) **【解き方】ＡさんとＣさんが出会ったときの，ＢさんとＣさんの間の道のりを考える。**

ＡさんとＣさんが出会ってから２分後にＢさんとＣさんが出会ったのだから，この２分間で，ＢさんとＣさんは２人合わせて(60＋90)×２＝300(ｍ)進んだ。ＡさんとＢさんの間の道のりは，１分間に150－60＝90(ｍ)の割合で広がるので，２人の間の道のりが300ｍになるのは，進み始めてから300÷90＝$\frac{10}{3}$(分後)である。

つまり，ＡさんとＣさんは進み始めて$\frac{10}{3}$分後に出会ったので，求める距離は，(150＋90)×$\frac{10}{3}$＝**800**(ｍ)である。

5 (1) 140cm以上145cm未満の人が11人，145cm以上150cm未満の人が６人いるから，11＋６＝**17**(人)いる。

(2) クラス全体の人数は17＋２＋13＝32(人)である。そのうち，140cm未満の人は２＋13＝15(人)だから，この人数はクラス全体の，15÷32×100＝46.875(%)より，小数第１位を四捨五入して，**47**%である。

(3) 140cm未満の人が15人，145cm未満の人が15＋11＝26(人)だから，**140cm以上145cm未満**の階級にある。

6 (1) 男子３人から１人選ぶ選び方は３通りあり，その３通りそれぞれに対して，女子４人から１人選ぶ選び方は

４通りある。よって，求める選び方は，３×４＝12(通り)

⑵　【解き方】偶数は一の位が偶数である。十の位に０は並べられないことに注意し，一の位に，０を並べるときと，その他の偶数を並べるときによって，場合を分けて考える。

一の位に０を並べるとき，十の位に並べられる数字は１，２，３，４，５の５通りある。

一の位に２を並べるとき，十の位に並べられる数字は１，３，４，５の４通り，一の位に４を並べるときも同様に４通りある。よって，偶数は全部で５＋４×２＝13(個)つくれる。

2023 解答例
令和5年度

四日市メリノール学院中学校【育成】

《国　語》

1　問一．A．ウ　B．ア　C．イ　問二．スポンジ　問三．落ち葉　問四．②雨が　④水が　問五．落ち葉の形が少しずつくずれて、黒い土にもどっていく(様子)　問六．きれいな水　問七．木の葉の裏の気孔という穴から水が蒸発するとき、まわりから熱をうばうので、森の空気が冷える。

2　問一．①寝　②禁　③結　問二．①板　②糸　③紙　問三．①イ　②ア　③ウ　問四．①微笑み　②長い　③衝撃

《算　数》

1　(1)187　(2)72　(3)5

2　(1)31.4　(2)192

3　(1)90　(2)250　(3)209

4　(1)$y=\frac{7}{2}\times x$　(2)70　(3)24

5　(1)60　(2)28　(3)北

6　(1)a＝6　c＝2　(2)4

《理　科》

1　(1)PとQ／PとS／QとS／RとT　(2)QとR／SとT　(3)P　(4)ア

2　(1)①A．ちっ素　B．酸素　②B　③ない　④ない　(2)①ちっ素…火が消えた。　酸素…火が強くなった。　二酸化炭素…火が消えた。　②ものを燃やすはたらきがある。　③ない　(3)ア

3　(1)①イ　②背びれに切れ目がないから。　(2)エ→イ→ア→ウ→オ　(3)小さな生物　(4)①卵　②精子　③受精　④受精卵

4　(1)A．ウ　B．ア　C．イ　D．エ　(2)E．火山岩　F．深成岩　(3)堆積岩　(4)イ　(5)変成岩

《社　会》

1　問１．茨城／水戸　問２．エ　問３．奥羽　問４．ア　問５．ウ　問６．京浜　問７．エ

2　問１．①ウ　②エ　③カ　④イ　⑤コ　⑥ア　問２．イ　問３．ア

3　問１．①エ　②ウ　③ア　④オ　⑤カ　問２．伊藤博文　問３．法律によって認められるものだったが，／基本的人権であり侵すことのできない永久の権利として保障している。　問４．ア

4　問１．①オ　②エ　③イ　問２．裁判員　問３．(例文)投票所を地域の公民館や学校だけでなく，若い世代の人々が多く集まる駅前の商業施設内などに設置して通勤・通学や買い物途中に投票できるようにし，商業施設と連携してＳＮＳでＰＲする。

5　①コ　②ア　③エ　④イ　⑤ウ　問１．地球温暖化

1 (1) 与式＝279－215＋123＝64＋123＝**187**

(2) 与式＝66＋９－３＝**72**

(3) 与式＝10－($\frac{2}{4}$＋$\frac{3}{4}$)÷$\frac{1}{4}$＝10－$\frac{5}{4}$×４＝10－５＝**５**

2 (1) **【解き方】直径５＋５＝10(cm)の円の円周の$\frac{1}{2}$と，直径５cmの円の円周の$\frac{1}{2}$の２つ分の長さの和を求める。**

10×3.14×$\frac{1}{2}$＋５×3.14×$\frac{1}{2}$×２＝５×3.14＋５×3.14＝(５＋５)×3.14＝10×3.14＝**31.4**(cm)

(2) **【解き方】角柱なので，(底面積)×(高さ)で体積を求める。**

底面の台形は，上底と下底が３cmと９cmで高さが４cmだから，底面積は，(３＋９)×４÷２＝24(㎠)

よって，体積は，24×８＝**192**(㎤)

3 (1) **【解き方】２つの整数があるとき，この２つの整数の最大公約数と最小公倍数の積は，２つの整数の積と等しくなる。**

最大公約数と最小公倍数の積は，18×270＝4860 だから，求める整数は，4860÷54＝**90**

(2) **【解き方】この長方形の縦と横の長さの和は，(まわりの長さ)÷２＝70÷２＝35(cm)である。**

(縦の長さ)：(縦と横の長さの和)＝２：(２＋５)＝２：７だから，縦の長さは，35×$\frac{2}{7}$＝10(cm)

横の長さは，35－10＝25(cm)だから，面積は，10×25＝**250**(㎠)

(3) **【解き方】男子の人数は全体の人数の 100－55＝45(％)だから，男子と女子の人数の比は，45：55＝９：11**

女子の人数は，171×$\frac{11}{9}$＝**209**(人)

4 (1) **y＝x×７÷２＝$\frac{7}{2}$×x**

(2) y＝$\frac{7}{2}$×xのxに 20 を入れると，y＝$\frac{7}{2}$×20＝70　　よって，面積は **70** ㎠になる。

(3) y＝$\frac{7}{2}$×xのyに 84 を入れると，84＝$\frac{7}{2}$×x　　x＝84÷$\frac{7}{2}$＝24　　よって，底辺の長さは **24** cmになる。

5 (1) **【解き方】南小学校で算数が好きな人は，全体の$\frac{120°}{360°}$＝$\frac{1}{3}$である。**

南小学校の６年生の人数は，20÷$\frac{1}{3}$＝**60**(人)

(2) **【解き方】南小学校で国語が好きな人の人数→北小学校で国語が好きな人の人数→北小学校で理科が好きな人の人数，の順に求める。**

南小学校で国語が好きな人の人数は，60×$\frac{108°}{360°}$＝18(人)だから，北小学校で国語が好きな人の人数も 18 人である。

北小学校で，国語が好きな人と理科が好きな人の人数の比は，81°：126°＝９：14 だから，北小学校で理科が好きな人の人数は，18×$\frac{14}{9}$＝**28**(人)

(3) **【解き方】北小学校で国語が好きな人は，全体の$\frac{81°}{360°}$＝$\frac{9}{40}$である。**

北小学校の６年生の人数は，18÷$\frac{9}{40}$＝80(人)　　よって，**北**小学校の方が南小学校より人数が多い。

6 (1) $\frac{3}{a}$＝$\frac{1}{c}$となる。$\frac{1}{c}$の分母と分子に３をかけると，$\frac{3}{a}$＝$\frac{3}{c\times 3}$となるから，a＝c×３

c＝１のときa＝１×３＝３となり，aとbが同じになるから条件に合わない。

c＝２のときa＝２×３＝６となり，条件に合う。

c＝４のときa＝４×３＝12 となり，aが９より大きくなるので条件に合わない。cの値を５以上にしても同様に条件に合わない。よって，a＝**６**，c＝**２**である。

⑵　【解き方】ｂの値によって場合を分けて，⑴と同じように調べていく。⑴より，ａ＝ｃ×ｂとなるが，ｃ＝１だとａとｂが同じ数になるので，ｃは２以上である。

①ｂ＝１の場合，ａ＝ｃ×１よりａ＝ｃとなるから，条件に合わない。

②ｂ＝２の場合，ａ＝ｃ×２となる。

　ｃ＝３のときａ＝３×２＝６となり，条件に合う。ｃ＝４のときａ＝４×２＝８となり，条件に合う。

　ｃが５以上になるとａが９より大きくなるので，条件に合わない。

　したがって，この場合ａ，ｂ，ｃに入る数の組み合わせは２通りある。

①ｂ＝３の場合，⑴よりａ，ｂ，ｃに入る数の組み合わせは１通りある。

③ｂ＝４の場合，ａ＝ｃ×４となる。

　ｃ＝２のときａ＝２×４＝８となり，条件に合う。

　ｃが３以上になるとａが９より大きくなるので，条件に合わない。

　したがって，この場合ａ，ｂ，ｃに入る数の組み合わせは１通りある。

④ｂが５以上の場合，ａが２×５＝10以上となるから条件に合わない。

以上より，全部で，２＋１＋１＝**４**（通り）

2022 解答例 令和４年度 四日市メリノール学院中学校【育成】

《国　語》

1 問一．a．ふんべつ　b．痛切　c．絶望　d．せいき　e．救　問二．とんだことになってしまった。これからどうやって帰るのかということ。　問三．夜になった　問四．A．カ　B．イ　問五．太郎左衛門のことを信用できなかったから。　問六．足　問七．④得意げになること。　⑤本当だと思うこと。
問八．ウ　問九．わけのわからぬやつ

2 問一．①省　②費　③沿　④臨　⑤飼育　⑥かせつ　⑦るいじ　⑧ちんたい　⑨あっかん　⑩いにん
問二．一朝一夕／以心伝心／一意専心／一石二鳥／右往左往 などから３つ　問三．①栄　②任　問四．①得　②理　問五．①頭　②顔　③眼　問六．①エ　②ウ　③イ　④ア　⑤オ

《算　数》

1 (1) $\frac{2}{3}$　(2) $1\frac{15}{17}$

2 (1)1365　(2)67

3 (1)５　(2)15：28　(3)2900

4 (1)12　(2)1500

5 (1)2.5　(2)3.5　(3)45

6 (1)20　(2)①19　②100

《理　科》

1 (1)①４cm　②１cm　(2)①X．13 cm　Y．９cm　②P．10ｇ　Q．20ｇ　(3)①140ｇ　②24 cm　③ア

2 (1)イ　(2)イ　(3)ア　(4)①エ　②エ　③イ　④ウ

3 (1)ウ　(2)①酸素　②二酸化炭素　(3)A．気管　B．肝臓　C．胃　D．小腸　E．大腸　(4)①A，B　②消化管　③だ液　④ア　⑤D　⑥B

4 (1)火山灰　(2)ウ　(3)溶岩　(4)ア，イ　(5)富士山

《社　会》

1 問１．イ　問２．ア　問３．九州　問４．熊本県

2 問１．京都府　問２．エ　問３．ア　問４．(賛成の例文)原子力発電は，地球温暖化の原因となる二酸化炭素の排出量が少ないため。(反対の例文)事故で高濃度の放射性物質が放出されると，環境が破壊されるため。

3 問１．卑弥呼　問２．エ　問３．イ　問４．イ　問５．ア

4 ①ウ　②サ　③オ　④エ　⑤コ　⑥ケ　⑦カ　⑧ア

5 問１．エ　問２．①５月３日　②国民主権　問３．イ

6 ①ク　②ア　③イ　④カ　⑤キ　問１．(例文) 医療従事者の行事参加を拒否するのではなく，感謝の気持ちを持って接するべきだ。

1 (1) 与式 $=\frac{27}{10}\div\frac{9}{8}\times\frac{5}{18}=\frac{27}{10}\times\frac{8}{9}\times\frac{5}{18}=\frac{2}{3}$

(2) 与式 $=2-\frac{1}{3}\div(3-\frac{2}{3}\times\frac{1}{4})=2-\frac{1}{3}\div(\frac{18}{6}-\frac{1}{6})=2-\frac{1}{3}\div\frac{17}{6}=2-\frac{1}{3}\times\frac{6}{17}=2-\frac{2}{17}=1\frac{15}{17}$

2 (1) 求める体積は，たて７cm，横 20 cm，高さ 13 cmの直方体の体積から，たて７cm，横 20－４－３＝13(cm)，高さ５cmの直方体の体積をひけばよいので，７×20×13－７×13×５＝７×13×(20－５)＝1365(cm³)

(2) 正六角形の内角の和は 180°×(６－２)＝720° なので，１つの内角の大きさは，720°÷６＝120°

よって，四角形アイウキの内角の和より，角ク＝360°－53°－120°－120°＝67°

3 (1) 35 分：１時間 24 分＝35 分：(60＋24)分＝35：84＝５：12

(2) **【解き方】青色の色紙の枚数を８と６の最小公倍数である㉔として，赤と黄の色紙の枚数を考える。**

赤色の色紙の枚数は，㉔×$\frac{5}{8}$＝⑮，黄の色紙の枚数は㉔×$\frac{7}{6}$＝㉘だから，求める比は，⑮：㉘＝15：28

(3) **【解き方】はじめに持っていたお金を５と３の最小公倍数である⑮として，ケーキを買ったあとに持っているお金を考える。**

アイスを買った後のお金は，⑮×(１－$\frac{2}{5}$)＝⑨，ケーキを買ったあとのお金は，⑨×(１－$\frac{2}{3}$)＝③

よって，③が 580 円にあたるので，はじめに持っていたお金は，580×$\frac{⑮}{③}$＝2900(円)

4 (1) **【解き方】グラフから，アの位置で「①あおいさんが家を出発する」，イの位置で「②お兄さんが家を出発する」，ウの位置で「③あおいさんが来た道を家に向かってひき返す」，エの位置で「④２人が出会う」ということがわかる。**

あおいさんは，①から③までに 60×15＝900(m)進むので，お兄さんは，②から③までに 900－630＝270(m)進む。

よって，②から③までの時間は 270÷90＝３(分)なので，求める時間は，15－３＝12(分後)

(2) **【解き方】２人が出会った位置が，家から何m離《はな》れた位置なのかをまず求める。**

③から④までは，２人の間のきょりは１分で 60＋90＝150(m)縮まるので，③から④までの時間は，630÷150＝4.2(分)である。

よって，兄は２人が出会うまでに３＋4.2＝7.2(分)歩いたので，２人が出会った位置は，90×7.2＝648(m)

ここから，兄は同じ速さで戻るから，家に戻るのに 7.2 分かかる。したがって，あおいさんは図書館に着くまでにあと 7.2＋７＝14.2(分)歩くから，求める道のりは，648＋60×14.2＝1500(m)

5 (1) １年ａ組は３＋３＋４＋１＋２＋３＋２＋１＋１＝20(人)いるので，20÷２＝10 より，中央値は，読んだ本の数を大きさ順に並べたときの，10 番目と 11 番目の冊数の平均である。小さい順で 10 番目が２冊，11 番目が３冊となるから，中央値は，(２＋３)÷２＝2.5(冊)

(2) (平均値)＝(合計)÷(人数)なので，

(１×３＋２×４＋３＋４×２＋５×３＋７×２＋８＋11)÷20＝70÷20＝3.5(冊)

(3) 平均値(3.5 冊)よりも多い生徒は２＋３＋２＋１＋１＝９(人)いるので，求める割合は，$\frac{9}{20}$×100＝45(%)

6 (1) **【解き方】10 円玉を２枚合わせても 50 円玉１枚分にならないが，５円玉２枚で 10 円玉１枚分の金額《きんがく》を作れるので，２枚の 10 円玉を５円玉に両替《りょうがえ》して，５円玉が全部で２＋２×２＝６(枚)あると考える。よって，２種類の硬貨《こうか》をそれぞれ何枚ずつ使うかという組み合わせの数を考えればよい。**

５円玉を使う枚数は０～６枚の７通り，50 円玉を使う枚数は０～２枚の３通りだから，枚数の組み合わせは全部で，７×３＝21(通り)できる。この中にはすべてが０枚の場合の０円がふくまれているので，できる金額は全部で，21－１＝20(通り)ある。

⑵　**【解き方】それぞれのタイルの枚数について，規則性を考える。**

①　各段のタイルの枚数は，１段目が１枚，２段目が１＋２＝３(枚)，３段目が３＋２＝５(枚)，…と，１段目が１枚で，そこから１段ごとに２枚多くなることがわかる。

よって，10段目のタイルの枚数は，１＋２×(10－１)＝19(枚)

②　各段目までのタイルの枚数は，１段目が１枚，２段目までが１＋３＝４＝２×２(枚)，３段目までが１＋３＋５＝９＝３×３(枚)，…となるから，10段目までは10×10＝100(枚)である。

■ ご使用にあたってのお願い・ご注意

（1）問題文等の非掲載

著作権上の都合により，問題文や図表などの一部を掲載できない場合があります。

誠に申し訳ございませんが，ご了承くださいますようお願いいたします。

（2）過去問における時事性

過去問題集は，学習指導要領の改訂や社会状況の変化，新たな発見などにより，現在とは異なる表記や解説になっている場合があります。過去問の特性上，出題当時のままで出版していますので，あらかじめご了承ください。

（3）配点

学校等から配点が公表されている場合は，記載しています。公表されていない場合は，記載していません。

独自の予想配点は，出題者の意図と異なる場合があり，お客様が学習するうえで誤った判断をしてしまう恐れがあるため記載していません。

（4）無断複製等の禁止

購入された個人のお客様が，ご家庭でご自身またはご家族の学習のためにコピーをすることは可能ですが，それ以外の目的でコピー，スキャン，転載（ブログ，ＳＮＳなどでの公開を含みます）などをすることは法律により禁止されています。学校や学習塾などで，児童生徒のためにコピーをして使用することも法律により禁止されています。

ご不明な点や，違法な疑いのある行為を確認された場合は，弊社までご連絡ください。

（5）けがに注意

この問題集は針を外して使用します。針を外すときは，けがをしないように注意してください。また，表紙カバーや問題用紙の端で手指を傷つけないように十分注意してください。

（6）正誤

制作には万全を期しておりますが，万が一誤りなどがございましたら，弊社までご連絡ください。

なお，誤りが判明した場合は，弊社ウェブサイトの「ご購入者様のページ」に掲載しておりますので，そちらもご確認ください。

■ お問い合わせ

解答例，解説，印刷，製本など，問題集発行におけるすべての責任は弊社にあります。

ご不明な点がございましたら，弊社ウェブサイトの「お問い合わせ」フォームよりご連絡ください。迅速に対応いたしますが，営業日の都合で回答に数日を要する場合があります。

ご入力いただいたメールアドレス宛に自動返信メールをお送りしています。自動返信メールが届かない場合は，「よくある質問」の「メールの問い合わせに対し返信がありません。」の項目をご確認ください。

また弊社営業日（平日）は，午前９時から午後５時まで，電話でのお問い合わせも受け付けています。

2025 春

教英出版

株式会社教英出版

〒422-8054　静岡県静岡市駿河区南安倍３丁目 12-28

TEL　054-288-2131　　FAX　054-288-2133

URL　https://kyoei-syuppan.net/

MAIL　siteform@kyoei-syuppan.net

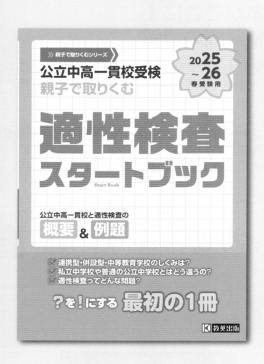

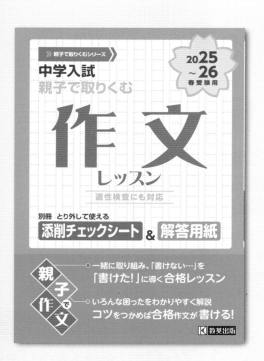

教英出版　2025年春受験用　中学入試問題集

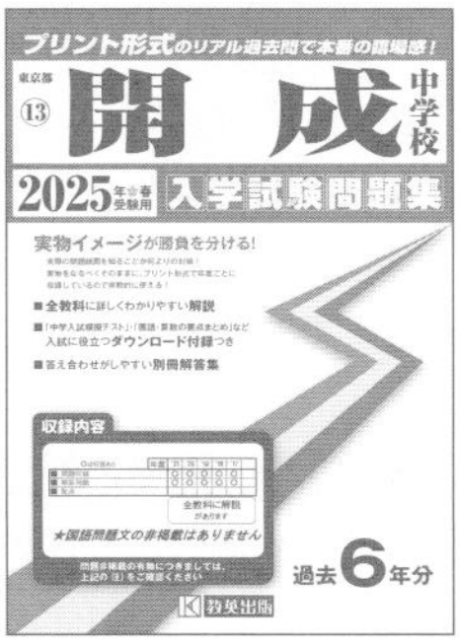

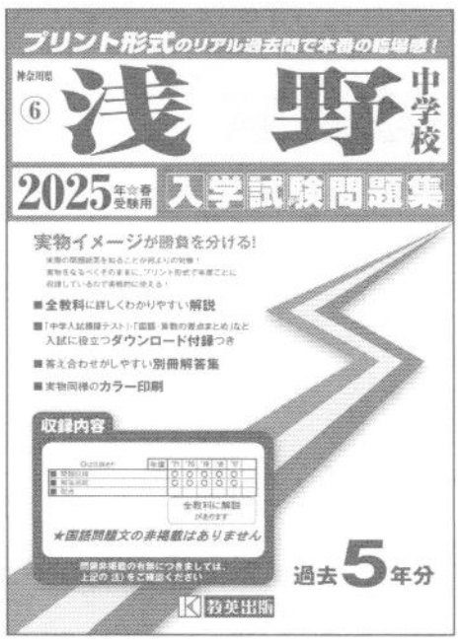

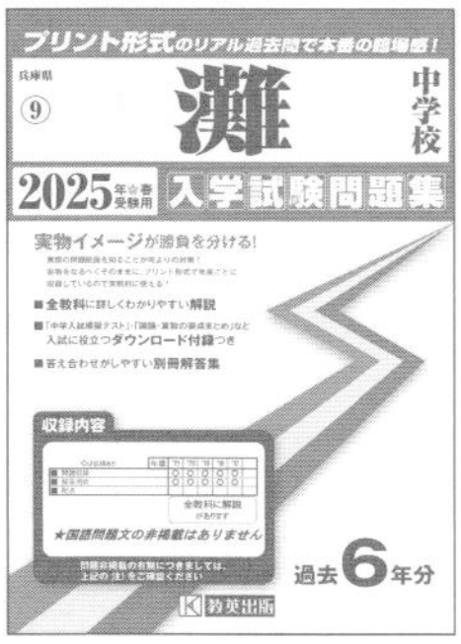

学校別問題集

✿はカラー問題対応

北海道

①[市立]札幌開成中等教育学校
②藤女子中学校
③北嶺中学校
④北星学園女子中学校
⑤札幌大谷中学校
⑥札幌光星中学校
⑦立命館慶祥中学校
⑧函館ラ・サール中学校

青森県

①[県立]三本木高等学校附属中学校

岩手県

①[県立]一関第一高等学校附属中学校

宮城県

①[県立]宮城県古川黎明中学校
②[県立]宮城県仙台二華中学校
③[市立]仙台青陵中等教育学校
④東北学院中学校
⑤仙台白百合学園中学校
⑥聖ウルスラ学院英智中学校
⑦宮城学院中学校
⑧秀光中学校
⑨古川学園中学校

秋田県

①[県立]
- 大館国際情報学院中学校
- 秋田南高等学校中等部
- 横手清陵学院中学校

山形県

①[県立]
- 東桜学館中学校
- 致道館中学校

福島県

①[県立]
- 会津学鳳中学校
- ふたば未来学園中学校

茨城県

①[県立]
- 日立第一高等学校附属中学校
- 太田第一高等学校附属中学校
- 水戸第一高等学校附属中学校
- 鉾田第一高等学校附属中学校
- 鹿島高等学校附属中学校
- 土浦第一高等学校附属中学校
- 竜ヶ崎第一高等学校附属中学校
- 下館第一高等学校附属中学校
- 下妻第一高等学校附属中学校
- 水海道第一高等学校附属中学校
- 勝田中等教育学校
- 並木中等教育学校
- 古河中等教育学校

栃木県

①[県立]
- 宇都宮東高等学校附属中学校
- 佐野高等学校附属中学校
- 矢板東高等学校附属中学校

群馬県

①
- [県立]中央中等教育学校
- [市立]四ツ葉学園中等教育学校
- [市立]太田中学校

埼玉県

①[県立]伊奈学園中学校
②[市立]浦和中学校
③[市立]大宮国際中等教育学校
④[市立]川口市立高等学校附属中学校

千葉県

①[県立]
- 千葉中学校
- 東葛飾中学校

②[市立]稲毛国際中等教育学校

東京都

①[国立]筑波大学附属駒場中学校
②[都立]白鷗高等学校附属中学校
③[都立]桜修館中等教育学校
④[都立]小石川中等教育学校
⑤[都立]両国高等学校附属中学校
⑥[都立]立川国際中等教育学校
⑦[都立]武蔵高等学校附属中学校
⑧[都立]大泉高等学校附属中学校
⑨[都立]富士高等学校附属中学校
⑩[都立]三鷹中等教育学校
⑪[都立]南多摩中等教育学校
⑫[区立]九段中等教育学校
⑬開成中学校
⑭麻布中学校
⑮桜蔭中学校
⑯女子学院中学校
✿⑰豊島岡女子学園中学校
⑱東京都市大学等々力中学校
⑲世田谷学園中学校
✿⑳広尾学園中学校（第2回）
✿㉑広尾学園中学校（医進・サイエンス回）
㉒渋谷教育学園渋谷中学校（第1回）
㉓渋谷教育学園渋谷中学校（第2回）
㉔東京農業大学第一高等学校中等部（2月1日 午後）
㉕東京農業大学第一高等学校中等部（2月2日 午後）

神奈川県

①［県立］相模原中等教育学校
　　　　平塚中等教育学校
②［市立］南高等学校附属中学校
③［市立］横浜サイエンスフロンティア高等学校附属中学校
④［市立］川崎高等学校附属中学校
✿⑤聖光学院中学校
✿⑥浅野中学校
⑦洗足学園中学校
⑧法政大学第二中学校
⑨逗子開成中学校（1次）
⑩逗子開成中学校（2·3次）
⑪神奈川大学附属中学校（第1回）
⑫神奈川大学附属中学校（第2·3回）
⑬栄光学園中学校
⑭フェリス女学院中学校

新潟県

①［県立］村上中等教育学校
　　　　柏崎翔洋中等教育学校
　　　　燕中等教育学校
　　　　津南中等教育学校
　　　　直江津中等教育学校
　　　　佐渡中等教育学校
②［市立］高志中等教育学校
③新潟第一中学校
④新潟明訓中学校

石川県

①［県立］金沢錦丘中学校
②星稜中学校

福井県

①［県立］高志中学校

山梨県

①山梨英和中学校
②山梨学院中学校
③駿台甲府中学校

長野県

①［県立］屋代高等学校附属中学校
　　　　諏訪清陵高等学校附属中学校
②［市立］長野中学校

岐阜県

①岐阜東中学校
②鶯谷中学校
③岐阜聖徳学園大学附属中学校

静岡県

①［国立］静岡大学教育学部附属中学校
　　　　（静岡·島田·浜松）
②［県立］清水南高等学校中等部
　［県立］浜松西高等学校中等部
　［市立］沼津高等学校中等部
③不二聖心女子学院中学校
④日本大学三島中学校
⑤加藤学園暁秀中学校
⑥星陵中学校
⑦東海大学付属静岡翔洋高等学校中等部
⑧静岡サレジオ中学校
⑨静岡英和女学院中学校
⑩静岡雙葉中学校
⑪静岡聖光学院中学校
⑫静岡学園中学校
⑬静岡大成中学校
⑭城南静岡中学校
⑮静岡北中学校
⑯常葉大学附属常葉中学校
　常葉大学附属橘中学校
　常葉大学附属菊川中学校
⑰藤枝明誠中学校
⑱浜松開誠館中学校
⑲静岡県西遠女子学園中学校
⑳浜松日体中学校
㉑浜松学芸中学校

愛知県

①［国立］愛知教育大学附属名古屋中学校
②愛知淑徳中学校
③名古屋経済大学市邨中学校
　名古屋経済大学高蔵中学校
④金城学院中学校
⑤椙山女学園中学校
⑥東海中学校
⑦南山中学校男子部
⑧南山中学校女子部
⑨聖霊中学校
⑩滝中学校
⑪名古屋中学校
⑫大成中学校
⑬愛知中学校
⑭星城中学校
⑮名古屋葵大学中学校
　（名古屋女子大学中学校）
⑯愛知工業大学名電中学校
⑰海陽中等教育学校（特別給費生）
⑱海陽中等教育学校（I·II）
⑲中部大学春日丘中学校
新刊⑳名古屋国際中学校

三重県

①［国立］三重大学教育学部附属中学校
②暁中学校
③海星中学校
④四日市メリノール学院中学校
⑤高田中学校
⑥セントヨゼフ女子学園中学校
⑦三重中学校
⑧皇學館中学校
⑨鈴鹿中等教育学校
⑩津田学園中学校

滋賀県

①［国立］滋賀大学教育学部附属中学校
②［県立］河瀬中学校
　　　　守山中学校
　　　　水口東中学校

京都府

①［国立］京都教育大学附属桃山中学校
②［府立］洛北高等学校附属中学校
③［府立］園部高等学校附属中学校
④［府立］福知山高等学校附属中学校
⑤［府立］南陽高等学校附属中学校
⑥［市立］西京高等学校附属中学校
⑦同志社中学校
⑧洛星中学校
⑨洛南高等学校附属中学校
⑩立命館中学校
⑪同志社国際中学校
⑫同志社女子中学校（前期日程）
⑬同志社女子中学校（後期日程）

大阪府

①［国立］大阪教育大学附属天王寺中学校
②［国立］大阪教育大学附属平野中学校
③［国立］大阪教育大学附属池田中学校

④[府立]富田林中学校
⑤[府立]咲くやこの花中学校
⑥[府立]水都国際中学校
⑦清風中学校
⑧高槻中学校（A日程）
⑨高槻中学校（B日程）
⑩明星中学校
⑪大阪女学院中学校
⑫大谷中学校
⑬四天王寺中学校
⑭帝塚山学院中学校
⑮大阪国際中学校
⑯大阪桐蔭中学校
⑰開明中学校
⑱関西大学第一中学校
⑲近畿大学附属中学校
⑳金蘭千里中学校
㉑金光八尾中学校
㉒清風南海中学校
㉓帝塚山学院泉ヶ丘中学校
㉔同志社香里中学校
㉕初芝立命館中学校
㉖関西大学中等部
㉗大阪星光学院中学校

兵庫県

①[国立]神戸大学附属中等教育学校
②[県立]兵庫県立大学附属中学校
③雲雀丘学園中学校
④関西学院中学部
⑤神戸女学院中学部
⑥甲陽学院中学校
⑦甲南中学校
⑧甲南女子中学校
⑨灘中学校
⑩親和中学校
⑪神戸海星女子学院中学校
⑫滝川中学校
⑬啓明学院中学校
⑭三田学園中学校
⑮淳心学院中学校
⑯仁川学院中学校
⑰六甲学院中学校
⑱須磨学園中学校(第1回入試)
⑲須磨学園中学校(第2回入試)
⑳須磨学園中学校(第3回入試)
㉑白陵中学校
㉒夙川中学校

奈良県

①[国立]奈良女子大学附属中等教育学校
②[国立]奈良教育大学附属中学校
③[県立]
　国際中学校
　青翔中学校
④[市立]一条高等学校附属中学校
⑤帝塚山中学校
⑥東大寺学園中学校
⑦奈良学園中学校
⑧西大和学園中学校

和歌山県

①[県立]
　古佐田丘中学校
　向陽中学校
　桐蔭中学校
　日高高等学校附属中学校
　田辺中学校
②智辯学園和歌山中学校
③近畿大学附属和歌山中学校
④開智中学校

岡山県

①[県立]岡山操山中学校
②[県立]倉敷天城中学校
③[県立]岡山大安寺中等教育学校
④[県立]津山中学校
⑤岡山中学校
⑥清心中学校
⑦岡山白陵中学校
⑧金光学園中学校
⑨就実中学校
⑩岡山理科大学附属中学校
⑪山陽学園中学校

広島県

①[国立]広島大学附属中学校
②[国立]広島大学附属福山中学校
③[県立]広島中学校
④[県立]三次中学校
⑤[県立]広島叡智学園中学校
⑥[市立]広島中等教育学校
⑦[市立]福山中学校
⑧広島学院中学校
⑨広島女学院中学校
⑩修道中学校
⑪崇徳中学校
⑫比治山女子中学校
⑬福山暁の星女子中学校
⑭安田女子中学校
⑮広島なぎさ中学校
⑯広島城北中学校
⑰近畿大学附属広島中学校福山校
⑱盈進中学校
⑲如水館中学校
⑳ノートルダム清心中学校
㉑銀河学院中学校
㉒近畿大学附属広島中学校東広島校
㉓AICJ中学校
㉔広島国際学院中学校
㉕広島修道大学ひろしま協創中学校

山口県

①[県立]
　下関中等教育学校
　高森みどり中学校
②野田学園中学校

徳島県

①[県立]
　富岡東中学校
　川島中学校
　城ノ内中等教育学校
②徳島文理中学校

香川県

①大手前丸亀中学校
②香川誠陵中学校

愛媛県

①[県立]
　今治東中等教育学校
　松山西中等教育学校
②愛光中学校
③済美平成中等教育学校
④新田青雲中等教育学校

高知県

①[県立]
　安芸中学校
　高知国際中学校
　中村中学校

福岡県

①[国立]福岡教育大学附属中学校（福岡・小倉・久留米）

②[県立]
- 育徳館中学校
- 門司学園中学校
- 宗像中学校
- 嘉穂高等学校附属中学校
- 輝翔館中等教育学校

③西南学院中学校
④上智福岡中学校
⑤福岡女学院中学校
⑥福岡雙葉中学校
⑦照曜館中学校
⑧筑紫女学園中学校
⑨敬愛中学校
⑩久留米大学附設中学校
⑪飯塚日新館中学校
⑫明治学園中学校
⑬小倉日新館中学校
⑭久留米信愛中学校
⑮中村学園女子中学校
⑯福岡大学附属大濠中学校
⑰筑陽学園中学校
⑱九州国際大学付属中学校
⑲博多女子中学校
⑳東福岡自彊館中学校
㉑八女学院中学校

佐賀県

①[県立]
- 香楠中学校
- 致遠館中学校
- 唐津東中学校
- 武雄青陵中学校

②弘学館中学校
③東明館中学校
④佐賀清和中学校
⑤成穎中学校
⑥早稲田佐賀中学校

長崎県

①[県立]
- 長崎東中学校
- 佐世保北中学校
- 諫早高等学校附属中学校

②青雲中学校
③長崎南山中学校
④長崎日本大学中学校
⑤海星中学校

熊本県

①[県立]
- 玉名高等学校附属中学校
- 宇土中学校
- 八代中学校

②真和中学校
③九州学院中学校
④ルーテル学院中学校
⑤熊本信愛女学院中学校
⑥熊本マリスト学園中学校
⑦熊本学園大学付属中学校

大分県

①[県立]大分豊府中学校
②岩田中学校

宮崎県

①[県立]五ヶ瀬中等教育学校

②[県立]
- 宮崎西高等学校附属中学校
- 都城泉ヶ丘高等学校附属中学校

③宮崎日本大学中学校
④日向学院中学校
⑤宮崎第一中学校

鹿児島県

①[県立]楠隼中学校
②[市立]鹿児島玉龍中学校
③鹿児島修学館中学校
④ラ・サール中学校
⑤志學館中等部

沖縄県

①[県立]
- 与勝緑が丘中学校
- 開邦中学校
- 球陽中学校
- 名護高等学校附属桜中学校

もっと過去問シリーズ

北海道

北嶺中学校
7年分（算数・理科・社会）

静岡県

静岡大学教育学部附属中学校
（静岡・島田・浜松）
10年分（算数）

愛知県

愛知淑徳中学校
7年分（算数・理科・社会）
東海中学校
7年分（算数・理科・社会）
南山中学校男子部
7年分（算数・理科・社会）
南山中学校女子部
7年分（算数・理科・社会）
滝中学校
7年分（算数・理科・社会）
名古屋中学校
7年分（算数・理科・社会）

岡山県

岡山白陵中学校
7年分（算数・理科）

広島県

広島大学附属中学校
7年分（算数・理科・社会）
広島大学附属福山中学校
7年分（算数・理科・社会）
広島学院中学校
7年分（算数・理科・社会）
広島女学院中学校
7年分（算数・理科・社会）
修道中学校
7年分（算数・理科・社会）
ノートルダム清心中学校
7年分（算数・理科・社会）

愛媛県

愛光中学校
7年分（算数・理科・社会）

福岡県

福岡教育大学附属中学校
（福岡・小倉・久留米）
7年分（算数・理科・社会）
西南学院中学校
7年分（算数・理科・社会）
久留米大学附設中学校
7年分（算数・理科・社会）
福岡大学附属大濠中学校
7年分（算数・理科・社会）

佐賀県

早稲田佐賀中学校
7年分（算数・理科・社会）

長崎県

青雲中学校
7年分（算数・理科・社会）

鹿児島県

ラ・サール中学校
7年分（算数・理科・社会）

※もっと過去問シリーズは
国語の収録はありません。

教英出版
〒422-8054
静岡県静岡市駿河区南安倍3丁目12−28
TEL 054-288-2131
FAX 054-288-2133
詳しくは教英出版で検索
教英出版　検索
URL https://kyoei-syuppan.net/

二〇二四年度

四日市メリノール学院中学校

入学試験問題（育成）　国語

（30分）

注意事項

1．「開始」の合図があるまで開いてはいけません。
2．答えはすべて解答用紙に記入しなさい。
3．問題は、1から2までで２ページあります。
4．「開始」の合図で解答用紙に名前と受験番号を記入しなさい。
5．問題を読むとき、声を出してはいけません。
6．楷書で丁寧に書くこと。
7．「終了」の合図で、すぐに筆記用具を置きなさい。

教英出版

1 別紙1を読んで、後の問いに答えなさい。

問一 【 A 】～【 E 】に入れるのに適当な言葉を次から選び、記号で答えなさい。

ア じりっ、じりっと　イ 一気に　ウ ゆっくりと　エ ぐいと　オ ゆらりと

問二 ――①「よし。僕が…追うんだ」について、

（1）これはだれの言葉ですか。

（2）――①にある「コイ」は、だれが見つけたものですか。

問三 ――②「危険」とありますが、コイにとっての危険とは具体的にどうなることですか。答えなさい。

問四 ――③「勝利を確信した」のはなぜですか。答えなさい。

問五 ――④「誰より…ケンジ」とありますが、ケンジがそういう少年であることがわかる表現を文中から一文で抜き出して答えなさい。

問六 ――⑤「焦りの色」とありますが、ここでの「色」の意味はなんですか。漢字二字で答えなさい。

問七 コイを逃してしまった原因は何でしたか。文中の言葉を使って答えなさい。

問八 コイに逃げられた子供たちの気持ちが表れている部分を本文から抜き出して答えなさい。

ばたばたっ、がぼんっ。

コイは、最後の反撃に出た。立ち並ぶ子どもたちの足目がけ、突進をしてきたのだ。しかも、運の悪いことに、それは、ケンジの足だった。

ケンジもケンジで、黙って立っていればよかった。しかし、④誰より魚取りが好きで、誰より魚取りに慣れているケンジは、思わず両手で押さえ込みにいってしまったのだ。

がぼがぼっ、がぼがぼがぼっ。

ケンジの足の間で、コイが体をくねらせた。ケンジは、座り込んで懸命に押さえ込んでいる。【　D　】、コイが両手を滑り抜けていく。ケンジの顔に、⑤焦りの色が浮かんだ。みんなのコイだ。こいつを逃がすわけにはいかない。

しかし、コイは、がぼがぼんっと水音を立てると、ケンジの股《また》の下をすり抜けていった。

「あああっ……」

川底の泥をつかみながら、ケンジの声が途切れた。そして、しばらくみんなの沈黙が続いた。

「くそーっ」

最初に声を上げたのは、マサアキだった。

「あれほど、手でつかもうとするなっていっていたのによう」

「……」

「せっかくアキラが見つけた大物だったのによう」

「……」

「ケンジ、いいところでも見せようとしたんじゃねえかぁ」

「……」

マサアキは、何度も責めるようにそういった。しかし、ケンジは言葉を返すことができなかった。

「アキラ。残念だったな」

「まあ、仕方ねえ。行くぞ。まだまだ、魚はわいてくる」

アキラとマサアキが上流に向かって歩き出し、それに下級生たちがついていく。

ケンジはポツンと一人、下流に取り残された。コイとつかみ合いを演じたため、ずぶぬれになった半ズボンから、何粒もの滴が川の中へとしたたり落ちた。

「ケンちゃん……」

声をかけたのは、タクヤだった。

「気にしないほうがいいよ……」

タクヤの優しい言葉が、ケンジにはつらかった。下級生に慰《なぐさ》められる自分が恥ずかしかった。ケンジは、【　E　】

一回涙を拭うと、土手を駆け上がり、一気に走り出した。

「あっ、ケンジが逃げていく」

川の中から、マサアキの声がした。

（ちくしょう、ちくしょう、ちくしょう……）

心の中で、何度も何度も、そう叫んだ。ケンジは、弱虫の自分が悲しかった。

（阿部夏丸「見えない敵」）

6 次の問いに答えなさい。

(1) 男子Ａ，Ｂ，Ｃの３人と，女子Ｄ，Ｅ，Ｆ，Ｇの４人の中から，男女１人ずつの委員を選ぶ選び方は，全部で何通りあるか答えなさい。

(2) ６個の数字０，１，２，３，４，５のうち異なる２個を選び，並べて２けたの整数をつくるとき，偶数は何個つくれるか答えなさい。

5 下の表は，ゆうきさんのクラス全員の身長を調べた結果です。次の問いに答えなさい。

(1) 身長が 140 cm 以上 150 cm 未満の人は，何人いるか答えなさい。

身長(cm)	人数(人)
130 以上 135 未満	2
135 　〜140	13
140 　〜145	11
145 　〜150	6
合計	

(2) 身長が 140 cm 未満の人は，クラス全体の何 % か答えなさい。
答えは小数第 1 位を四捨五入して，整数で答えなさい。

(3) ゆうきさんの身長は低い方から数えて 20 番目です。ゆうきさんの身長は何 cm 以上何 cm 未満の階級にあるか答えなさい。

4 次の問いに答えなさい。

(1) 右のグラフは，ある水そういっぱいに水を入れるとき，1 分間に入れる水の量 x L と，かかる時間 y 分の関係を表したものです。この水そうを 20 分でいっぱいにするには，1 分間に入れる水の量を何 L にすればよいですか。

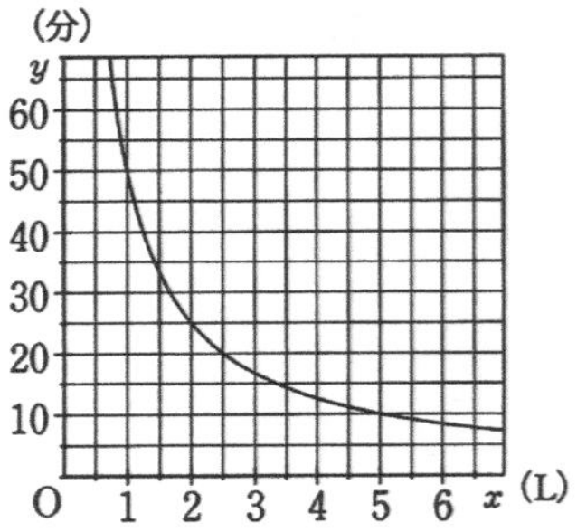

(2) 下の図のように，100 cm の棒のかげの長さが 52 cm のとき，かげの長さが 260 cm の建物の高さを求めなさい。

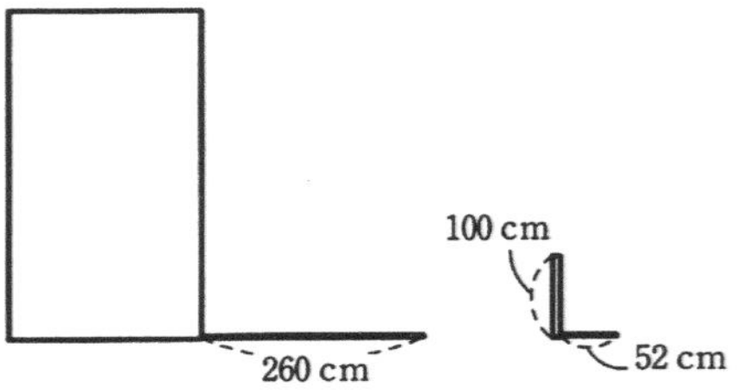

(3) A さんと B さんは公園から図書館に向かって，C さんは図書館から公園に向かって同時に進み始めると，A さんと C さんが出会ってから 2 分後に，B さんと C さんが出会いました。3 人の進む速さはそれぞれ，A さんが分速 150 m，B さんが分速 60 m，C さんが分速 90 m です。公園と図書館の間の距離は何 m か答えなさい。

4 ある川の中流で、水の流れる速さや川岸のようすを調べました。これについて、次の各問いに答えなさい。

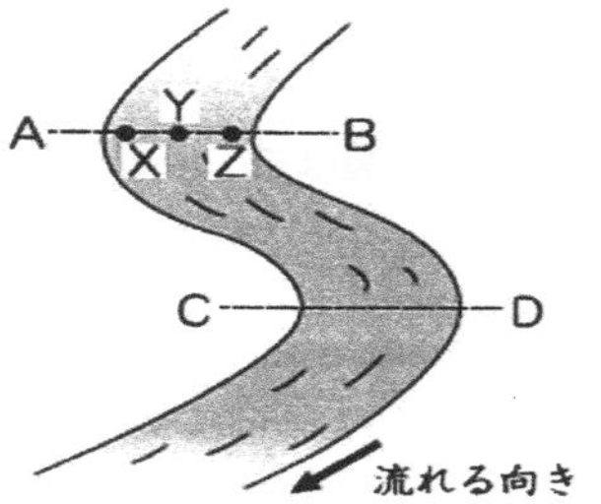

図1

(1) 図1の X～Z で水の流れる速さを比べました。その関係を等号・不等号を使って書き表したとき、どのように書き表せますか。最も適当なものを次のア～オから1つ選び、記号で答えなさい。

ア．X=Y=Z　　イ．X<Y<Z　　ウ．X>Y>Z
エ．X=Z>Y　　オ．X=Z<Y

(2) 図1のA、Bはがけになっていますか、河原になっていますか。それぞれどちらになっていると考えられますか、答えなさい。

(3) 図1の C－D の川底のようすはどのようになっていますか。最も適当なものを次のア～カから選び、記号で答えなさい。ただし、図は下流側から見たもの、○の大きさは石の大きさを表しています。

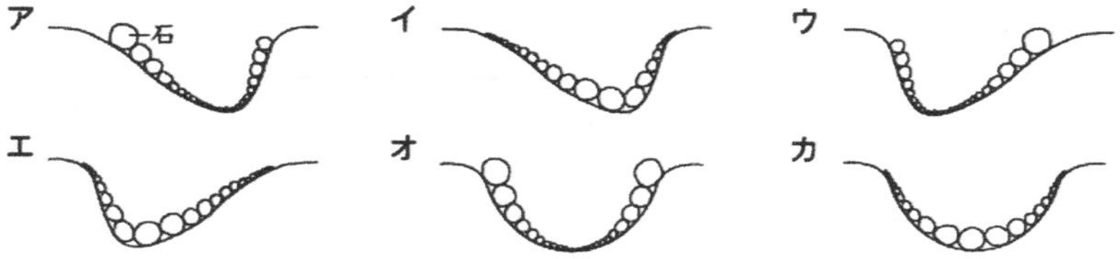

(4) 川底に土砂をたい積させるはたらきは、水が流れる速さとどのような関係にあるか、答えなさい。

(5) 図2は上空から見た、図1の川の始まりから終わりまでの形を簡単に示したものです。これについて、次の問いに答えなさい。

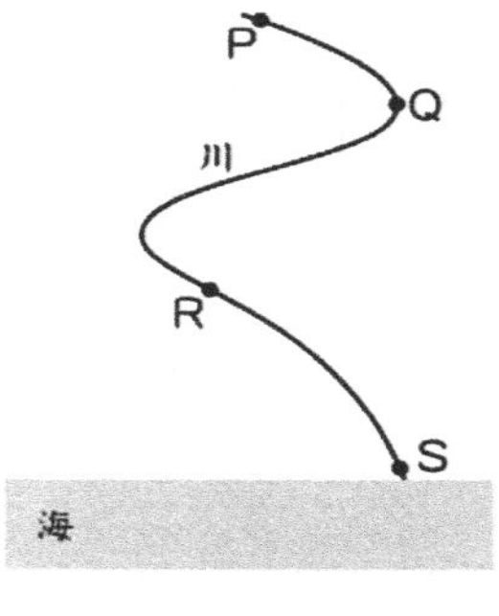

図2

① 図のP～Sのうち、水の流れが最も速いのはどこだと考えられますか。最も適当なものを選び、記号で答えなさい。
② 図の P～S のうち、川はばが最も広いのはどこだと考えられますか。最も適当なものを選び、記号で答えなさい。
③ 図のPとSの部分には、次のいずれかの地形が見られました。それぞれどの地形が見られましたか。1つずつ選び、記号で答えなさい。
　ア．河岸段丘《かがんだんきゅう》　　イ．三角州　　ウ．せん状地　　エ．V字谷
④ 次の文の（　　）に当てはまる語を答えなさい。
梅雨や台風などで、長い間雨がふり続いたり、短い時間に大雨がふったりすると、川の水の量が増え、流れが速くなる。すると、流れる水のはたらきが大きくなり、川岸がけずられたり、川の水があふれたりして災害を起こすことがある。
災害を防ぐために、川岸に（　ア　）をつくったり、川の近くに水をためる（　イ　）をつくって、川の水が急に増えないようにしたりしている。

3 身のまわりのこん虫について調べました。これについて、次の各問いに答えなさい。

(1) 次の図はモンシロチョウの育ち方を表しています。これについて、次の各問いに答えなさい。

(a)　(b)　(c)　(d)

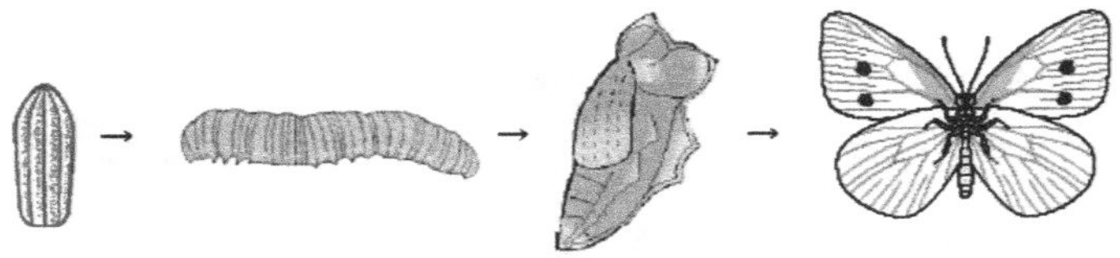

① (a)～(d)のすがたをそれぞれ何といいますか。名前を答えなさい。

② (c)から(d)になること何といいますか。最も適当なものを次のア～エから選び、記号で答えなさい。

ア．ふ化　　イ．よう化　　ウ．羽化　　エ．だっ皮

③ (b)から(c)、(c)から(d)と皮をぬいで姿を変えることを何といいますか。最も適当なものを②のア～エから選び、記号で答えなさい。

④ 一生のうちに(c)のようなすがたにならないこん虫を、１つ書きなさい。

(2) こん虫の体のつくりの特ちょうを説明した次の文の空らん（　①　）～（　⑦　）に当てはまる言葉や数字を書きなさい。

> こん虫の体は、大きく（　①　）つの部分に分けることができ、あしの数は（　②　）本である。体は前の方から（　③　）、（　④　）、（　⑤　）という部分に分かれ、あしはすべて（　④　）についている。また、多くのこん虫が（　⑥　）枚の（　⑦　）をもつ。

(3) 次の生物のうち、こん虫はどれですか。ア～クからすべて選び、記号で答えなさい。

ア．アメンボ	イ．イナゴ	ウ．ウスバカゲロウ	エ．エビ
オ．オルカ	カ．カタツムリ	キ．キリギリス	ク．クモ

5 次の年表を見て,【 ① 】～【 ⑤ 】に入ることばを語群から1つずつ選び,あとの問いにも答えなさい。

時代	できごと
2021年 10月	医療機関《いりょうきかん》や薬局《やっきょく》で健康保険証《けんこうほけんしょう》の代わりに【 ① 】カードが使えるようになった。
2022年 2月	将棋界《しょうぎかい》の【 ② 】さんが五冠《ごかん》を達成,19歳6か月の史上最年少記録となった。
7月	【 ③ 】元総理大臣が奈良市で演説《えんぜつ》中に銃で撃たれ亡くなった。
9月	イギリスの女王【 ④ 】2世の国葬《こくそう》が19日に執《と》りおこなわれた。
2023年 5月	新型コロナウイルスの感染症《かんせんしょう》法上の位置付けが【 ⑤ 】に移行された。
6月	LGBTなどⅠ性的マイノリティーへの理解を増すための法案が衆議院で可決された。

語群

ア．マイナンバー　イ．安倍晋三《あべしんぞう》　ウ．5類　エ．岸田文雄《きしだふみお》
オ．藤井聡太《ふじいそうた》　カ．エリザベス　キ．2類　ク．トイ
ケ．羽生善治《はぶよしはる》　コ．チャールズ

問1．年表の下線部Ⅰに関して，下の表の性同一障害に関する児童生徒に対する学校における支援の事例にあるように，学校においてもさまざまな支援がおこなわれていますが，性的マイノリティーに関して，あなた自身の考えを書きなさい。

項目	学校における支援の事例
服装	・自認《じにん》する性別の制服，衣服，体操着の着用を認める。
髪型	・標準より長い髪型を一定の範囲で認める（戸籍《こせき》上男性）。
更衣室	・保健室，多目的トイレ等の利用を認める。
トイレ	・職員トイレ，多目的トイレの利用を認める。
呼称の工夫	・校内文書（通知表を含む。）を児童生徒が希望する呼称《こしょう》で記す。 ・自認する性別として名簿《めいぼ》上扱う。
授業	・体育又は保健体育において別メニューを設定する。
水泳	・上半身が隠れる水着の着用を認める（戸籍上男性）。 ・補習として別日に実施，又はレポート提出で代替《だいたい》する。
運動部の活動	・自認する性別に係る活動への参加を認める。
修学旅行等	・1人部屋の使用を認める。入浴《にゅうよく》時間をずらす。

（文部科学省 HP より）

4 次の表を見て，あとの各問いに答えなさい。

公布《こうふ》された日	1946年（昭和21年）11月3日
施行《しこう》された日	1947年（昭和22年）【　①　】
三つの原則	・【　②　】
	・Ⅰ基本的人権《きほんてきじんけん》の尊重《そんちょう》
	・Ⅱ平和主義《へいわしゅぎ》
天皇について	日本国・日本国民統合の【　③　】
三つの義務	・子どもに【　④　】を受けさせる義務
	・働く義務
	・税金を納める義務

問１．表の空欄【　①　】～【　④　】に入る語句として最も適当なものを次のア～クからそれぞれ１つ選び，その記号を書きなさい。

ア．5月3日　　イ．9月3日　　ウ．国民主権《こくみんしゅけん》　　エ．天皇大権《てんのうたいけん》　　オ．体罰
カ．公布《こうふ》　　キ．象徴《しょうちょう》　　ク．教育

問２．下線部Ⅰの説明として適当ではないものを次のア～エから１つ選び，その記号を書きなさい。

ア．健康で文化的な最低限度の生活を営《いとな》む権利が保障されている。
イ．親とは異なる宗教を信じても問題とはならない。
ウ．景気が悪くなった時は納税をおこたっても問題とはならない。
エ．男性だから，女性だからといった性別によって差別されない。

問３．下線部Ⅱに関して，日本国憲法では第何条で定められているか，適当なものを次のア～エから１つ選び，その記号を書きなさい。

ア．第１条　　イ．第９条　　ウ．第25条　　エ．第30条

3　次の年表を見て，あとの各問いに答えなさい。

時　代	で　き　ご　と
1868年	新しい政治の方針を明治天皇の【　①　】として示す。
1869年	首都が東京にうつされる。
1871年	藩を廃止して県を置く廃藩置県《はいはんちけん》がおこなわれる。 Ⅰ解放令を出して，身分のきまりを廃止する。
1889年	【　②　】が発布される。
1910年	【　③　】を併合して朝鮮とし，植民地にする。
	【　　　A　　　】
1941年	日本がハワイなどを攻撃し，【　④　】がはじまる。
1945年	広島と【　⑤　】に原爆が落とされる。
1950年	朝鮮半島で朝鮮戦争がはじまる。

問1．年表の空欄《くうらん》【　①　】～【　⑤　】に入る語句として最も適当なものを次のア～ケからそれぞれ1つ選び，その記号を書きなさい。

ア．長崎　イ．京都　ウ．誓文《せいもん》　エ．記念　オ．大日本帝国憲法
カ．太平洋戦争　キ．韓国　ク．琉球《りゅうきゅう》　ケ．五榜《ごぼう》の掲示《けいじ》

問2．下線部Ⅰのように身分制度をなくしましたが，今もさまざまな差別が残っています。差別をなくすために，どうすればよいと思いますか。差別の事例を1つ取り上げ，あなたの考えを書きなさい。

問3．年表の空欄【　A　】の期間に入るできごととして，適当ではないものを次のア～エから1つ選び，その記号を書きなさい。

ア．日本で米騒動がおこる。
イ．アメリカ合衆国で不景気がはじまり世界中に広がる。
ウ．日本と中華民国の間で日中戦争がおこる。
エ．日本とロシアとの間でポーツマス条約が結ばれる。

問六

問七

問八

2

問一

①

②

③

④

問二

①

②

③

④

⑤

⑥

問三

①

②

③

④

⑤

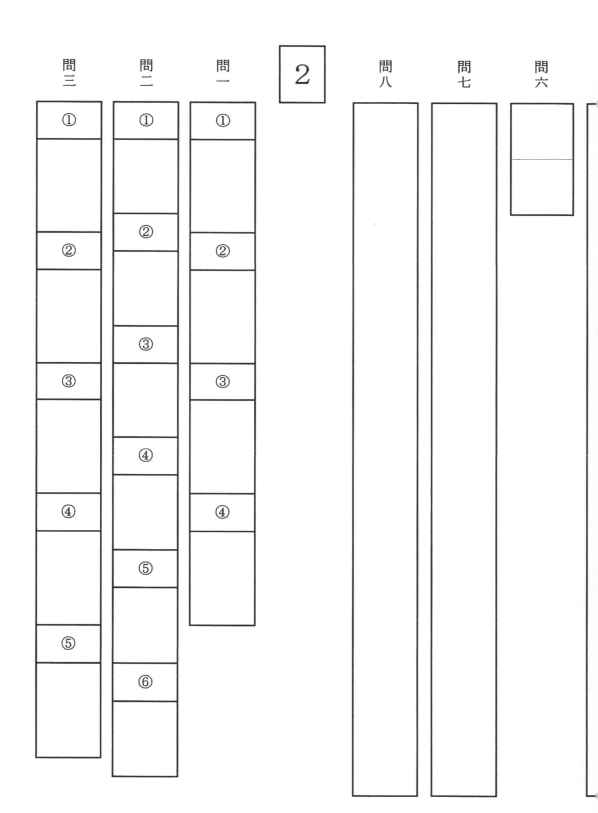

2024年度 四日市メリノール学院中学校
入学試験（育成）解答用紙

算　数

受験番号		名前		得点	※50点満点 （配点非公表）

1

(1)	
(2)	
(3)	

2

(1)	cm^2
(2)	度

3

(1)	個
(2)	円
(3)	

2024年度　四日市メリノール学院中学校　入学試験（育成）解答用紙

理　科

受験番号		名　前	

得点
※50点満点 （配点非公表）

1	(1)		(2)		(3)	
	(4)		(5)			

2	(1)		(2)		(3)	
	(4)		(5)		(6)	

3	(1)	①	(a)		(b)			
			(c)		(d)			
		②			③		④	
		①			②		③	

【解答用

2024年度　四日市メリノール学院中学校　入学試験（育成）解答用紙

理　科

受験番号		名　前	

得点
※50点満点 （配点非公表）

1	(1)		(2)		(3)	
	(4)		(5)			

2	(1)		(2)		(3)	
	(4)		(5)		(6)	

3	(1)	①	(a)		(b)			
			(c)		(d)			
		②			③		④	
		①			②		③	

【解答用

2024年度　四日市メリノール学院中学校
入学試験（育成）解答用紙
社　　会

受験番号		名前		得点	※50点満点（配点非公表）

1

問1						条	約	問2		問3	
問4			山	地	問5						
問6	①				②			③			

2

問1	①		②		③		④		⑤	
問2		問3				問4				

3

問1	①		②		③		④		⑤	

【解答用

問2	
問3	

4

問1	①		②		③		④	
問2		問3						

5

①		②		③		④		⑤	

問1	

⑦		(3)	

4	(1)		(2)	A		B		(3)	
	(4)								
	(5)	①		②		③	P		S
		④	ア		イ				

4

(1)	L
(2)	cm
(3)	m

5

(1)	人	
(2)	%	
(3)	cm 以上	cm 未満

6

(1)	通り
(2)	個

二〇二四年度　四日市メリノール学院中学校　入学試験（育成）解答用紙　国語

受験番号

名前

得点

※50点満点
（配点非公表）

1

問一

A

B

C

D

E

問二

（1）

（2）

問三

問四

2 次の年表を見て，あとの各問いに答えなさい。

時　代	で　き　ご　と
710 年	平城京《へいじょうきょう》に都がうつされる。
752 年	【　①　】の大仏がつくられる。
894 年	【　②　】を停止する。
11 世紀前半	女性の中からⅠすぐれた文学作品が完成した。
1192 年	【　③　】が征夷大将軍《せいいたいしょうぐん》になる。
	【　　A　　】
1338 年	足利尊氏《あしかがたかうじ》が征夷大将軍になる。
1467 年	【　④　】がはじまる。
1603 年	【　⑤　】が征夷大将軍となり江戸幕府をひらく。
1637 年	Ⅱ島原《しまばら》・天草《あまくさ》一揆がおこる。

問１．年表の空欄《くうらん》【　①　】～【　⑤　】に入る言葉として最も適当なものを次のア～コからそれぞれ１つ選び，その記号を書きなさい。

ア．東大寺《とうだいじ》　イ．鎌倉《かまくら》　ウ．応仁《おうにん》の乱　エ．遣隋使《けんずいし》　オ．遣唐使《けんとうし》
カ．平清盛《たいらのきよもり》　キ．源頼朝《みなもとのよりとも》　ク．承久《じょうきゅう》の乱　ケ．徳川家康《とくがわいえやす》　コ．法隆寺《ほうりゅうじ》

問２．年表の空欄【　A　】の期間に入るできごととして，適当なものを次のア～エから１つ選び，その記号を書きなさい。

ア．モンゴルが日本にせめてくる。　イ．織田信長《おだのぶなが》が室町《むろまち》幕府をほろぼす。
ウ．中国の明と貿易をはじめる。　エ．平清盛が太政大臣《だいじょうだいじん》になる。

問３．下線部Ⅰに関して，清少納言《せいしょうなごん》の書いた随筆《ずいひつ》を**漢字３字**で書きなさい。

問４．下線部Ⅱの説明として最も適当なものを，次のア～エから１つ選び，その記号を書きなさい。

ア．西郷隆盛《さいごうたかもり》を中心に九州でおこった大規模《だいきぼ》な反乱である。
イ．キリスト教の信者を中心に３万人をこえる人々がおこした一揆である。
ウ．厳しい年貢の取り立てに反対し，アイヌの人々が蝦夷地《えぞち》でおこした反乱である。
エ．織田信長によっておさえられた，九州でおきた大規模な反乱である。

問４．　地図中Ｄの山地名を解答用紙にあてはまるように**漢字２字**で書きなさい。

問５．　地図中Ｇの都道府県名を解答用紙にあてはまるように**漢字３字**で書きなさい。

問６．　地図中Ｈの湾の沿岸《えんがん》には，多くの原子力発電所があります。原子力発電所に関して，下図を参照しながら，文章中の空欄【　①　】～【　③　】に入る言葉を解答用紙にあてはまるようにそれぞれ**漢字**で書きなさい。

【フランスと日本の発電エネルギー源別割合】

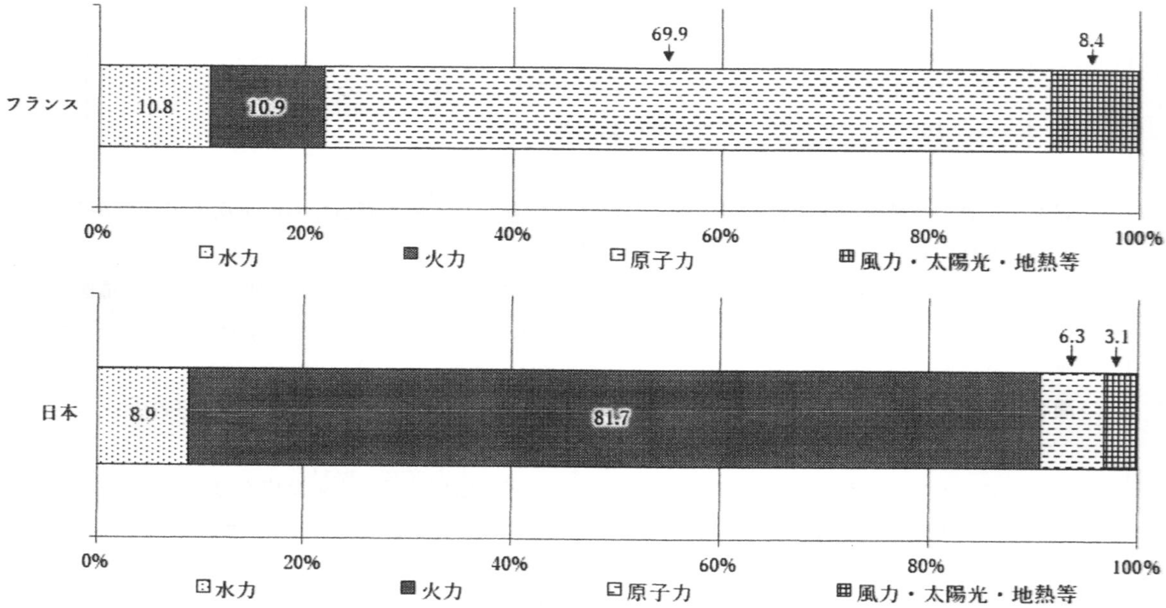

（世界国勢図会　2022/23 年版より作成）

フランスでは，日本と比べ，火力発電よりも【　①　】発電の割合が高いが，日本の場合，フランスと比べると【　②　】や津波が多く，災害時のリスクも高いため【　①　】発電に依存していくのには不安の声も多い。一方で，水力・風力・太陽光・地熱といった【　③　】可能なエネルギーはフランス，日本ともに割合は高くないが，今後持続可能な社会をめざしたさまざまな取り組みの一つとして期待されている。

1　次の地図を見て，あとの各問いに答えなさい。

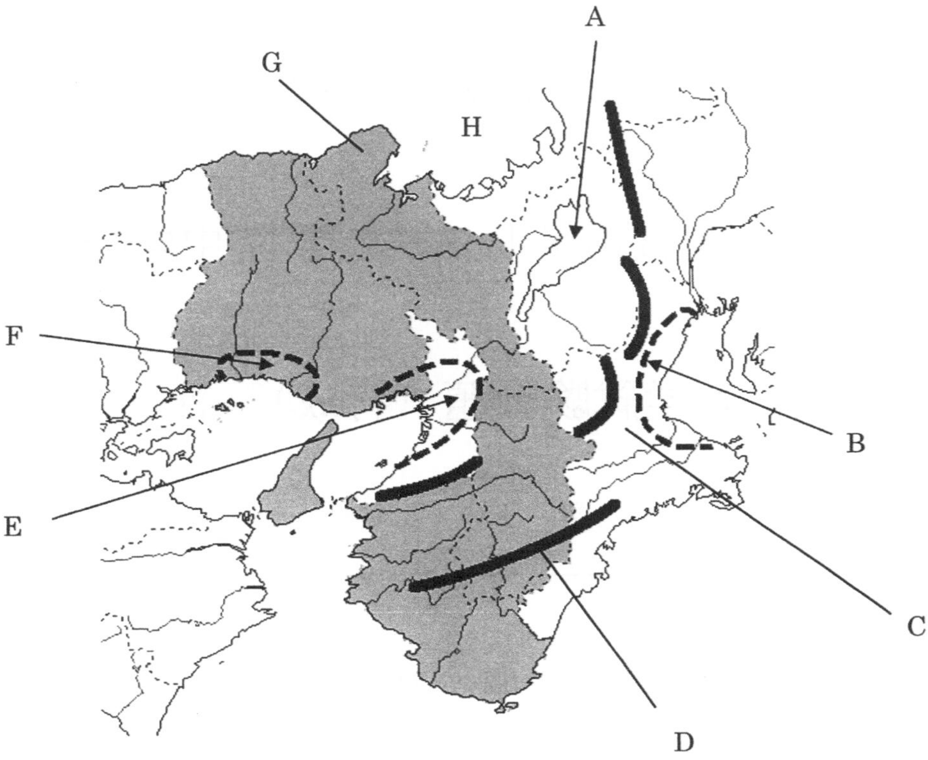

問１．地図中Ａの湖が登録されている，1971 年にイランで話し合いがおこなわれて制定された水鳥《みずとり》などが集まる世界的に重要な湿地《しっち》を守るための条約名を，解答用紙にあてはまるように**カタカナ５字**で書きなさい。

問２．地図中Ｂ・Ｅ・Ｆの平野の説明として最も適当なものを次のア～ウから１つ選び，その記号を書きなさい。

ア．Ｂは伊勢平野と呼ばれ，周辺には京浜《けいひん》工業地帯が形成されている。

イ．Ｅは大阪平野と呼ばれ，大阪湾に注ぎ込む淀川が主要河川である。

ウ．Ｆは岡山平野と呼ばれ，促成《そくせい》栽培が盛んにおこなわれている。

問３．地図中 Ｃ の都道府県の地方名と県庁所在地の組み合わせとして最も適当なものを次のア～エから１つ選び，その記号を書きなさい。

ア．地方名：中部地方　県庁所在地：四日市　　イ．地方名：近畿地方　県庁所在地：津

ウ．地方名：近畿地方　県庁所在地：四日市　　エ．地方名：中部地方　県庁所在地：津

２０２４年度

四日市メリノール学院中学校

入学試験問題（育成）　社　会　（30分）

注　意　事　項
１．「開始」の合図があるまで開いてはいけません。
２．答えはすべて解答用紙に記入しなさい。
３．問題は，1から5までで，６ページまであります。
４．「開始」の合図で解答用紙に名前と受験番号を記入しなさい。
５．問題を読むとき，声を出してはいけません。
６．「終了」の合図で，すぐに筆記用具を置きなさい。

2 ものの温度と体積について調べるために、下のような実験を行いました。これについて、次の各問いに答えなさい。

【実験】

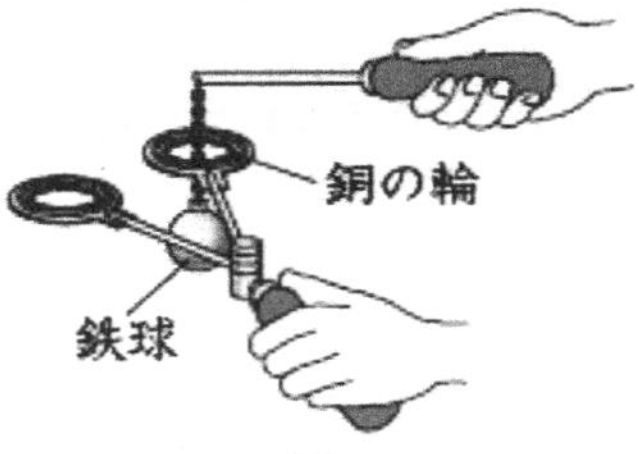

図1

1. 太さと長さが等しい、鉄の棒と銅の棒をガスバーナーで同時に加熱した。加熱後に2本の棒の長さを比べたところ、銅の棒の方が長かった。
2. 2本の棒を同時に氷水の中に入れた。しばらくしてから2本の棒の長さを比べたところ、銅の棒の方が短かった。
3. 図1のように鉄球を銅の輪に通るかどうか調べたところ、鉄球が銅の輪をすきまなく通った。
4. 鉄球と銅を次のA～Dのようにしてから、鉄球が銅の輪を通るかどうか調べた。

A：鉄球と銅の輪を同じように冷やした。
B：鉄球と銅の輪を同じように加熱した。
C：鉄球を冷やし、銅の輪を加熱した。
D：鉄球を加熱し、銅の輪を冷やした。

(1) 金属を加熱すると、温度の高いところから低いところへ向かって、次々と熱が伝わります。このような熱の伝わり方を何といいますか。名前を答えなさい。

(2) 実験1で、加熱後に銅の棒の方が長くなったのはなぜですか。最も適当なものを次のア～オから1つ選び、記号で答えなさい。

ア. 銅の棒がのび、鉄の棒が縮んだから。
イ. 銅の棒の長さは変わらず、鉄の棒が縮んだから。
ウ. 銅の棒がのび、鉄の棒の長さは変わらなかったから。
エ. 銅と鉄の棒の両方がのびたが、銅の棒の方がよりのびたから。
オ. 銅と鉄の棒の両方が縮んだが、鉄の棒の方がより縮んだから。

(3) 実験2のあと鉄の棒の重さは冷やす前と比べてどうなっていますか。ア～ウから1つ選び、記号で答えなさい。

ア. 重くなっている。　　イ. 軽くなっている。　　ウ. 変わらない。

(4) 実験4で鉄球が銅の輪を通ったのはどれですか。A～Dからすべて選び、記号で答えなさい。

(5) 鉄と銅をはり合わせて加熱や冷やすことによって図2のようにまがるものをつくるとき、銅と鉄をどのようにはり合わせたらよいですか。最も適当なものを次のア～エから選び、記号で答えなさい。

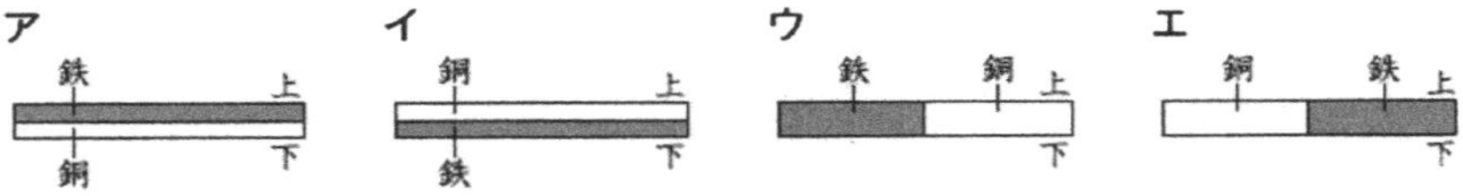

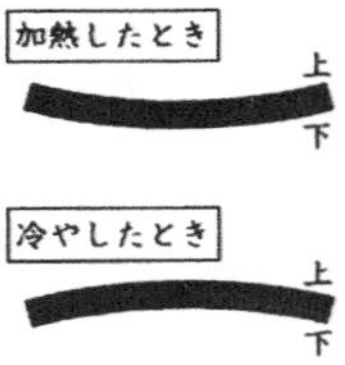

図2

(6) 固体、液体、気体の中で、温度が変化すると体積が最も大きく変わるものはどれですか。

1　100g のおもりを使って長さのちがうふりこを４つ用意しました。いずれも図のようにふれはばを 30 度にしてふりこをふらせ、ふりこが１往復する時間を調べたところ、下の表のような結果が得られました。これについて、次の各問いに答えなさい。

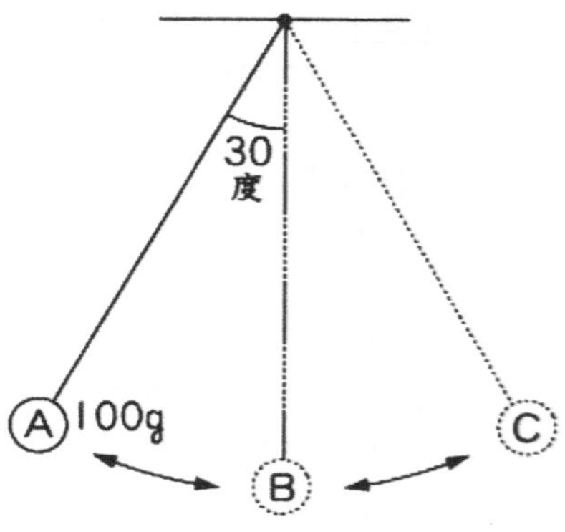

長さ(cm)	25	50	100	200
1往復する時間(秒)	1.0	1.4	2.0	2.8

(1) 表から、ふりこの長さと１往復する時間には、どのような関係があることがわかりますか。最も適当なものを次のア～オから選び、記号で答えなさい。

ア．ふりこの長さが x 倍になると、１往復する時間は x 倍になる。
イ．ふりこの長さが x 倍になると、１往復する時間は $2x$ 倍になる。
ウ．ふりこの長さが x 倍になると、１往復する時間は $1.4x$ 倍になる。
エ．ふりこの長さが $x \times x$ 倍になると、１往復する時間は x 倍になる。
オ．ふりこの長さが $x \times x$ 倍になると、１往復する時間は $2x$ 倍になる。

(2) 100g のおもりを使ってふれはば 30 度にしてふらせるとき、１往復する時間が 4.0 秒になるためには、ふりこの長さは何 cm でなければならないか、答えなさい。

(3) この実験の、長さが 100cm のふりこのふれはばを 60 度にすると、１往復する時間は何秒になりますか。最も適当なものを次のア～オから選び、記号で答えなさい。

ア．1.0 秒　　イ．1.4 秒　　ウ．2.0 秒　　エ．3.0 秒　　オ．4.0 秒

(4) この実験の、長さが 100cm のふりこを用いて、おもりが図の B の位置に来た時の速さを図の状態と比べて速くしたい。そのための操作として、最も適当なものを次のア～エから選び、記号で答えなさい。

ア．おもりを軽くする。　　イ．おもりを重くする。
ウ．ふれはばを小さくする。　　エ．ふれはばを大きくする。

(5) おもりを 200g にして同様の実験をすると、１往復する時間はどうなりますか。最も適当なものを次のア～エから選び、記号で答えなさい。

ア．２倍になる。　　イ．半分になる。　　ウ．変わらない。

２０２４年度

四日市メリノール学院中学校

入学試験問題（育成）　理　科　(30分)

注意事項

１．「開始」の合図があるまで開いてはいけません。

２．答えはすべて解答用紙に記入しなさい。

３．問題は，[1]から[4]までで4ページまであります。

４．「開始」の合図で解答用紙に名前と受験番号を記入しなさい。

５．問題を読むとき，声を出してはいけません。

６．「終了」の合図で，すぐに筆記用具を置きなさい。

3 次の問いに答えなさい。

(1) 1から100までの整数のうち，3でも5でもわり切れる整数は何個あるか答えなさい。

(2) 定価7520円の商品が，半額になり，さらに30％引きで売っています。代金はいくらになるか答えなさい。

(3) 次のように，ある規則にしたがって数が並んでいます。

$1,\quad 2,\quad 2\frac{1}{3},\quad 2\frac{1}{2},\quad 2\frac{3}{5},\quad \cdots\cdots$

このとき，15番目の数字はいくつになるか答えなさい。

2024(R6) 四日市メリノール学院中
教英出版

2 次の問いに答えなさい。

(1) 次の図形は四分円（円を四等分したおうぎ形）と半円２つを重ねてできたものです。しゃ線部の面積を求めなさい。ただし，円周率は 3.14 とする。

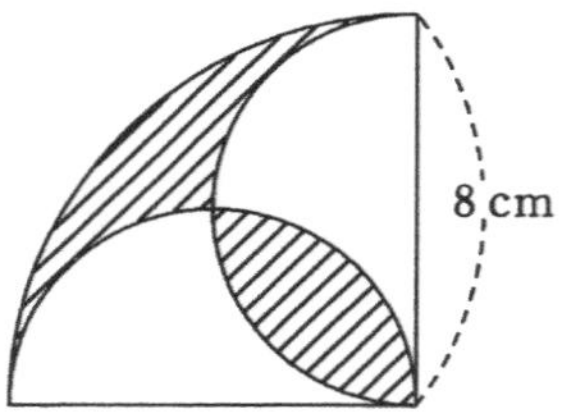

(2) 次の図で，六角形アイウエオカは正六角形です。頂点アと辺ウエ上の点キを通る直線をひきました。このとき，クの角度を求めなさい。

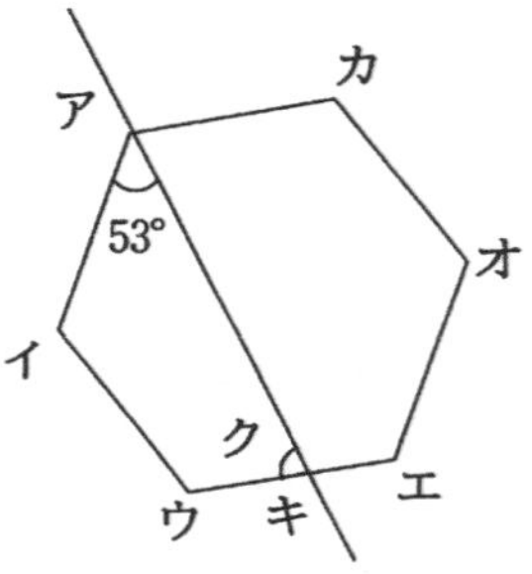

1 次の計算をしなさい。

(1) $513+719-123$

(2) $40-20\div12\times6$

(3) $1\frac{8}{9}\div\left(\frac{2}{3}+0.75\right)-\frac{8}{9}\times0.15$

2024年度

四日市メリノール学院中学校

入学試験問題（育成）　算　数（30分）

注意事項

1. 「開始」の合図があるまで開いてはいけません。

2. 答えはすべて解答用紙に記入しなさい。

3. 問題は，1から6まで，6ページあります。

4. 「開始」の合図で解答用紙に名前と受験番号を記入しなさい。

5. 問題を読むとき，声を出してはいけません。

6. 「終了」の合図で，すぐに筆記用具を置きなさい。

別紙1

「①よし。僕が間に入るよ。いいか、コイを捕まえようとしたらだめだぞ。岸のほうに押し出すつもりで追うんだ」

さすがに魚取りの話になると、ケンジの目つきは変わった。下級生の間に入り、的確な指示を始めた。泥んこの水に、十人の足が突っ立っている。二十本の細い足と膝こぞうは、くっつきあいながら、じりじり間隔を狭めると、草の間に見えるコイの背中に向かった。二十本の腕も、ゆらゆら水につかっている。やがて、半円が狭まると、隠れていたコイの背ビレが【　Ａ　】揺れた。

「動くぞ！」

コイは②危険を感じたのであろう、【　Ｂ　】川の真ん中へ頭を向けた。しかし、そこには子どもたちの何本もの足が、通せんぼをしている。緊張の瞬間。コイは、アキラの足を目がけて突進した。

がばばばばっ。

「ちくしょう、逃がすか」

手を出したアキラに驚いて、反転したコイは、【　Ｃ　】上流を目指した。しかし、そこにもマサアキの足がある。しゃがみ込むような格好で、コイの行く手は阻《はば》まれた。

がばばばばっ。

がばばばばっ。

子どもたちも必死なら、コイも必死だ。口を開け、身をくねらせて逃げ惑う。しかし、岸に寄せられれば寄せられるほど、足の間隔は狭まり、逃げ出すことはできない。

「少しだ。あと少しだ」

「わっせ、わっせ、わっせ」

誰からともなく掛け声がかかり、子どもたちは目前の勝利に酔いしれた。コイは、行く手を阻まれ、とうとう、自ら岸に上がってしまったのだった。

「やったーっ」

2　後の問いに答えなさい。

問一　次の①～④のことわざの（　　　）に入ることばを、それぞれ漢字一字で答えなさい。

①木を見て（　　　）を見ず
②かわいい子には（　　　）をさせよ
③（　　　）の上にも三年
④（　　　）に腹はかえられぬ

問二　次のそれぞれの熟語の読み方を次から選び、記号で答えなさい。

①　決定　②　部屋　③父親　④台所　⑤　目線　⑥駅前

ア　音読み+音読み　イ　訓読み+訓読み　ウ　音読み+訓読み（重箱読み）
エ　訓読み+音読み（湯とう読み）　オ　熟字訓（熟語として特別な読み方をするもの）

問三　次の①～④の漢字の成り立ちとして適切なものを次から選び、記号で答えなさい。

①　岩　②　目　③　星　④　下　⑤　火

ア　象形文字（物の形や様子などをえがいた絵文字を略したもの。）
イ　指示文字（形で表せないものを記号のように表したもの。）
ウ　会意文字（二つ以上の文字を組み合わせて新しい意味を表したもの。）
エ　形声文字（音を表す部分と意味を表す部分とを合わせてできたもの。）

二〇二三年度

四日市メリノール学院中学校

入学試験問題（育成）　国語

（30分）

注意事項

1．「開始」の合図があるまで開いてはいけません。

2．答えはすべて解答用紙に記入しなさい。

3．問題は、1から2まで3ページあります。

4．「開始」の合図で解答用紙に名前と受験番号を記入しなさい。

5．問題を読むとき、声を出してはいけません。

6．解答は楷書で丁寧に書きなさい。

7．「終了」の合図で、すぐに筆記用具を置きなさい。

1　別紙1の文章を読んで次の問いに答えなさい。

問一　【Ａ】～【Ｃ】にあてはまる最も適当なことばを次から選び、記号で答えなさい。

ア　まるで　　イ　もちろん　　ウ　だから　　エ　そこで

問二　【１】にあてはまる最も適当なたとえをカタカナ四字で答えなさい。

問三　――①「小さな土のお団子」は何でできていますか、文中から抜き出して答えなさい。

問四　――②「しみ込んでいく」④「冷やしている」の主語はなんですか、文中から抜き出して答えなさい。

問五　――③「森のリサイクル」とありますが、そのリサイクルの様子が書かれている部分を文中から三十字以内で抜き出して答えなさい。

問六　【２】にあてはまる適当なことばを、文中から五字以内で抜き出して答えなさい。

問七　――⑤「森のクーラー」のしくみを説明しなさい。

2　次の問いに答えなさい。

問一　次の（　）に漢字一字を入れて対義語を完成させなさい。

①　起床―就（　）　　②　許可―（　）止　　③　原因―（　）果

問二　次の（　）に入る漢字一字を次から選び、慣用句を完成させなさい。

①　（　）につく（その仕事にすっかりなじむこと）

②　（　）を引く（影で操り自分の思い通りに動かすこと）

③　折り（　）つき（保証しても大丈夫であること）

糸・紙・骨・板・鼻

問三　次のことわざの意味を後から選び、記号で答えなさい。

①　石の上にも三年

②　急がば回れ

③　海老で鯛を釣る

ア　急ぐ時ほど時間がかかっても安全な方法を取った方が良い。

イ　我慢強く辛抱すれば必ず成功する。

ウ　ほんの小さな元手や労力で多くの利益を得る。

6 分数の式 $\frac{b}{a}=\frac{1}{c}$ があります。a，b，c には，それぞれ異なる 1 から 9 までの整数が 1 つずつ入ります。このとき，次の問いに答えなさい。

(1) b が 3 のとき，a，c に入る整数をそれぞれ答えなさい。

(2) a，b，c に入れることのできる整数の組み合わせは，(1) もふくめて全部で何通りあるか答えなさい。

5 南小学校と北小学校の６年生に，国語，算数，理科，社会の中から1人ひとつ，いちばん好きな教科を答えてもらい，下のような円グラフに表しました。南小学校と北小学校で，国語が好きな人の人数は同じです。また，南小学校で算数が好きな人の人数は 20 人でした。これについて次の問いに答えなさい。

南小学校

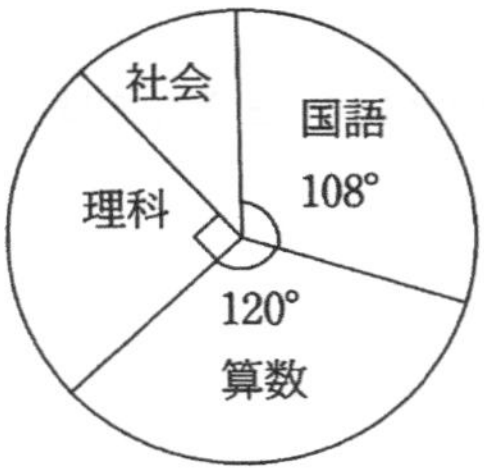

北小学校

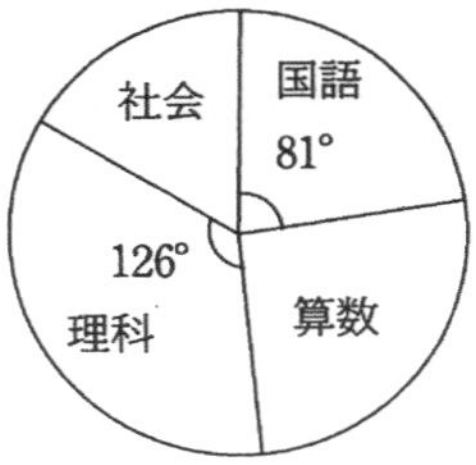

(1) 南小学校の６年生の人数は何人か答えなさい。

(2) 北小学校で理科が好きな人の人数は何人か答えなさい。

(3) 南小学校と北小学校では，どちらの学校の方が人数が多いか答えなさい。

4 高さが7 cm の三角形の底辺の長さと面積の関係を調べると，次の表のようになりました。
次の問いに答えなさい。

底辺の長さ　x (cm)	2	4	6	8	…
面積　y (cm^2)	7	14	21	28	…

(1) この三角形の底辺の長さを x cm，面積を y cm^2 として，x と y の関係を表す式を答えなさい。

(2) 底辺の長さが 20 cm のとき，面積は何 cm^2 になるか答えなさい。

(3) 面積が 84 cm^2 になるのは，底辺の長さが何 cm のときか答えなさい。

4 次の表は，いろいろな岩石とその特徴《とくちょう》を示しています。次の各問いに答えなさい。

<table>
<tr><td rowspan="5">堆積《たいせき》岩</td><td rowspan="5">積もっておし固められてできた</td><td rowspan="5"></td><td>れき岩</td><td>A</td><td rowspan="5">凝灰岩《ぎょうかいがん》を除《のぞ》き粒《つぶ》は丸い</td></tr>
<tr><td>砂岩</td><td>砂</td></tr>
<tr><td>泥岩</td><td>B</td></tr>
<tr><td>凝灰岩《きょうかいがん》</td><td>C</td></tr>
<tr><td>石灰岩《せっかいがん》</td><td>D</td></tr>
<tr><td rowspan="6">火成岩</td><td rowspan="6">マグマが冷やされてできた</td><td rowspan="3">E</td><td>流紋岩《りゅうもんがん》</td><td rowspan="3">マグマが地上付近で急激に冷やされてできた</td><td rowspan="3">粒《つぶ》はとがっていて大きさはバラバラ</td></tr>
<tr><td>安山岩《あんざんがん》</td></tr>
<tr><td>玄武岩《げんぶがん》</td></tr>
<tr><td rowspan="3">F</td><td>花《か》こう岩《がん》</td><td rowspan="3">マグマが地下深くでゆっくり冷やされてできた</td><td rowspan="3">粒《つぶ》はとがっていて大きさがそろっている</td></tr>
<tr><td>閃緑岩《せんりょくがん》</td></tr>
<tr><td>斑《はん》れい岩《がん》</td></tr>
<tr><td>X</td><td>岩石が熱や圧力で変質してできた</td><td colspan="4"></td></tr>
</table>

(1) れき岩，泥岩，凝灰岩《ぎょうかいがん》，石灰岩《せっかいがん》は主に何からできていますか。表のA～Dにふさわしいものを，次のア～オから選びなさい。

ア　泥　　イ　火山灰　　ウ　小石　　エ　生物　　オ　塩

(2) 火成岩はそのでき方や粒《つぶ》の特徴《とくちょう》からEとFに分類されます。EとFに入る言葉を書きなさい。

(3) 化石がふくまれる可能性があるのは，堆積《たいせき》岩，火成岩のどちらですか。

(4) 恐竜《きょうりゅう》の化石が見つかった地層は，何という時代に堆積《たいせき》したものだと考えられますか。次のア～エから適当なものを選びなさい。

ア　古生代　　イ　中生代　　ウ　新生代　　エ　先カンブリア時代

(5) Xにあてはまる言葉を書きなさい。

3 川でとってきたメダカを水そうで観察したら，卵をしりびれの前の方につけて泳いでいるメダカがいました。しばらくして，水そうの水草に卵がついていたので，メダカと水草を別の水そうにわけて，観察を続けました。次の各問いに答えなさい。

(1) 右のメダカの図を見て次の各問いに答えなさい。

① メスは（ア）（イ）のどちらですか。

② ①のように考えた理由を説明しなさい。

（ア）　（イ）

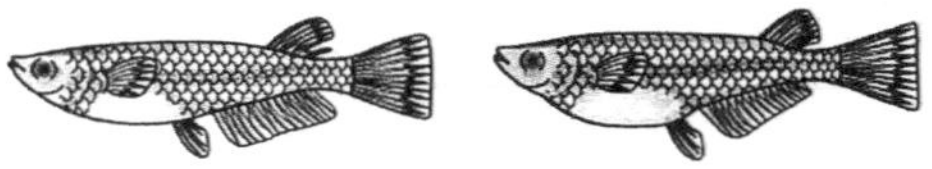

(2) 産んだ卵を顕微鏡で観察してカードにスケッチしましたが，うっかり落として順番がわからなくなってしまいました。育つ順になるよう，並びかえなさい。

（ア）　（イ）　（ウ）　（エ）　（オ）

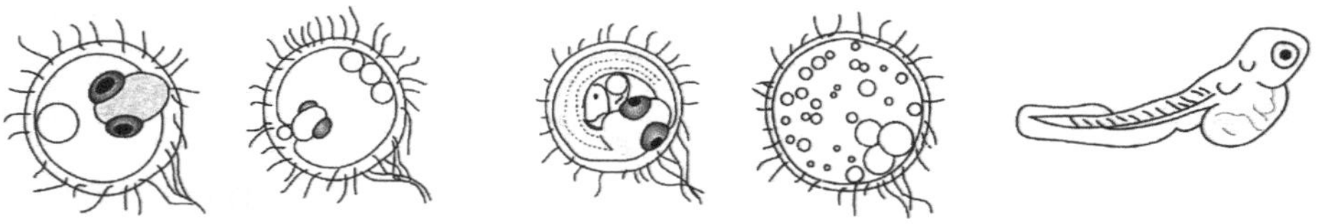

(3) 池や川のメダカは，ヒトがエサをあたえなくても育っています。自然の池や川にすんでいるメダカは何を食べていますか。

(4) 次の文の（　①　）～（　④　）に当てはまる言葉を書きなさい。

メスが産んだ（　①　）とオスが出した（　②　）が結びつくと（　①　）は育ち始めます。（　①　）と（　②　）が結びつくことを（　③　）といい，（　③　）した卵を（　④　）といいます。

選挙に行かなかった理由

・選挙にあまり関心がなかったから
・適当な候補者も政党もなかったから
・仕事など重要な用事があったから
・政策の違いなどがよくわからなかったから
・選挙によって政治は良くならないと思ったから
・体調がすぐれなかったから
・私一人が投票してもしなくても同じだから
など

総務省「目で見る投票率」より抜粋

表2

5 次の年表を見て，【 ① 】～【 ⑤ 】に入ることばを語群から1つずつ選び，あとの問いにも答えなさい。

年代	できごと
2021年 2月	新型コロナウイルス感染症の【 ① 】が日本国内で開始された。
7月	静岡県の【 ② 】市で大規模な土石流による災害が発生した。
10月	日本の第100代内閣総理大臣に【 ③ 】が選ばれた。
	米大リーグ・エンゼルスの大谷翔平がア・リーグ最優秀選手に選ばれた。
11月	A イギリスでおこなわれたCOP26で石炭火力を削減することが決定した。
2022年 2月	ロシア軍が【 ④ 】に侵攻した。
5月	【 ⑤ 】が日本に復帰して50年をむかえた。

語群

ア．熱海　イ．ウクライナ　ウ．沖縄　エ．岸田文雄　オ．小泉進次郎
カ．特効薬　キ．浜松　ク．ポーランド　ケ．香港　コ．ワクチン接種

問1．表の下線部Aによって，どのような環境問題に影響があると考えられるか。
1つ書きなさい。

4 日本の政治のしくみについてまとめた下の図を見て，あとの各問いに書きなさい。

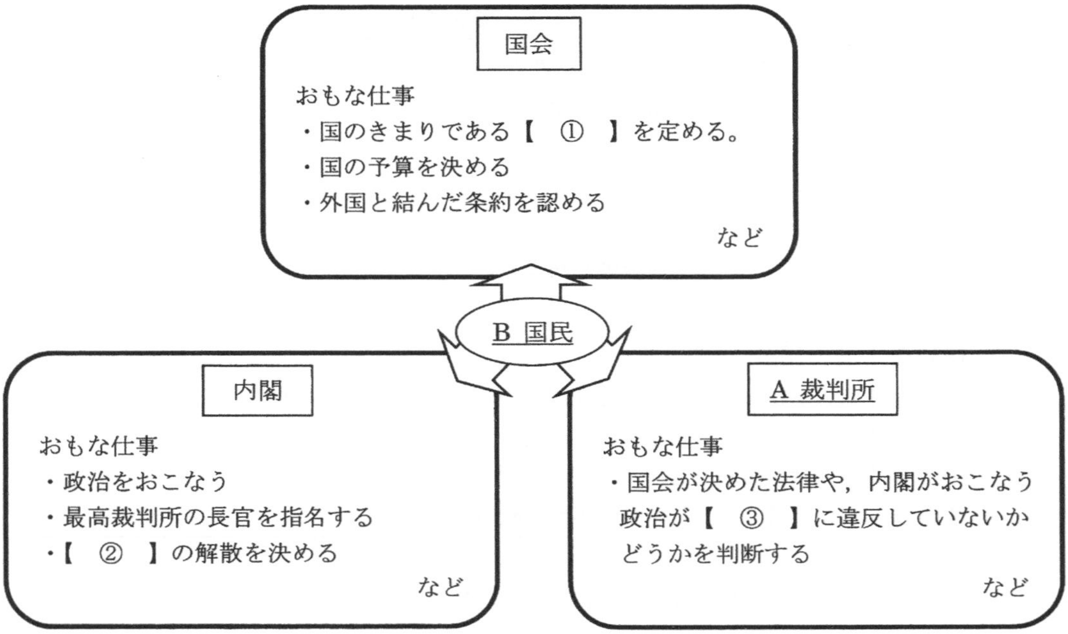

問１．図の空欄《くうらん》【　①　】～【　③　】に入る言葉として最も適当なものを次のア～オからそれぞれ１つ選び，記号で書きなさい。

ア．主権　　イ．憲法　　ウ．参議院　　エ．衆議院　　オ．法律

問２．図の下線部Ａの裁判所のうち地方裁判所でおこなわれる，2009 年から始まった殺人・放火などの重大事件の裁判に国民が参加する制度を，解答用紙にあてはまるように**漢字３字**で書きなさい。

問３．図の下線部 B の国民が政治に参加する方法の一つとして，選挙に行くことがあげられる。その一方で，下の表１のように投票率が低いこと，特に 10 代，20 代の若い世代の投票率が低いことが課題として取り上げられる。次ページの表２の投票に行かなかった理由を参考にして，10 代と 20 代の投票率を上げるにはどうすればよいか。自分の意見を書きなさい。

2021 年におこなわれた国政選挙の世代別投票率

	10 歳代	20 歳代	30 歳代	40 歳代	50 歳代	60 歳代	70 歳代以上	平均
投票率	43.2%	36.5%	47.1%	55.6%	63.0%	71.4%	62.0%	55.9%

総務省「目で見る投票率」より抜粋

表１

3　次の年表を見て，あとの各問いに答えなさい。

年代	できごと
1885年	【　A　】が，最初の内閣総理大臣《ないかくそうりだいじん》になる。
1889年	B 大日本帝国憲法《だいにっぽんていこくけんぽう》が発布される。
1894年	【　①　】がはじまる。
1904年	【　②　】がはじまる。
1920年	国際連盟《こくさいれんめい》に加盟する。
	※ このころ C 社会運動が高まる。
1923年	関東大震災《かんとうだいしんさい》がおこる。
1932年	満州国《まんしゅうこく》がつくられる。
	軍人が総理大臣《そうりだいじん》の犬養毅《いぬかいつよし》らを殺害する【　③　】がおこる。
1936年	軍人が大蔵大臣《おおくらだいじん》の高橋是清《たかはしこれきよ》らを殺害する【　④　】がおこる。
1937年	日中戦争がおこる。
1945年	日本が【　⑤　】を受け入れて戦争が終わる。

問1．年表の空欄《くうらん》【　①　】～【　⑤　】に入る言葉として最も適当なものを次のア～クからそれぞれ1つ選び，記号で書きなさい。

ア．五・一五事件　　イ．太平洋《たいへいよう》戦争　　ウ．日露《にちろ》戦争　　エ．日清《にっしん》戦争
オ．二・二六事件　　カ．ポツダム宣言　　キ．ポーツマス条約　　ク．満州事変

問2．年表の空欄【　A　】にあてはまる人物を書きなさい。

問3．年表の下線部Bにある大日本帝国憲法と，戦後につくられた日本国憲法《にほんこくけんぽう》では，言論の自由について，どのような違いがあるか。下の語句を使って，解答用紙にあてはまるように説明しなさい。

（　基本的人権　・　法律　）

問4．年表の下線部Cの社会運動のうち，女性の自由と権利の拡大についての運動をおこなった女性として最も適当な人物を，次のア～エから1つ選び，その記号を書きなさい。

ア．市川房枝《いちかわふさえ》　　イ．瀬戸内寂聴《せとうちじゃくちょう》　　ウ．緒方貞子《おがたさだこ》　　エ．樋口一葉《ひぐちいちよう》

2		
問二	問三	問四
①	①	①
②	②	②
③	③	③

2023年度 四日市メリノール学院中学校
入学試験（育成）解答用紙

算　数

受験番号		名前		得点	※50点満点 （配点非公表）

1

(1)	
(2)	
(3)	

2

(1)	cm
(2)	cm^3

3

(1)	
(2)	cm^2
(3)	人

2023年度　四日市メリノール学院中学校　入学試験（育成）解答用紙

理　科

受験番号		名　前	

得点
※50点満点 （配点非公表）

1	(1)			
	(2)			
	(3)		(4)	

2	(1)	①	A		B					
		②		③		④				
	(2)		ちっ素		酸素		二酸化炭素			
		①								
		②			③					
	(3)									

【解答用

2023年度　四日市メリノール学院中学校
入学試験（育成）解答用紙
社　　　会

受験番号		名前		得点	※50点満点（配点非公表）

1

問1			県			市	問2		問3			山脈
問4		問5		問6	工業地帯	問7						

2

問1	①		②		③		④	
	⑤		⑥					
問2		問3						

3

問1	①		②		③		④		⑤	
問2										

【解答用

問3	大日本帝国憲法では 日本国憲法では
問4	

4

問1	①		②		③		問2				制度
問3											

5

①		②		③		④		⑤	
問1									

3	(2)	→	→	→	→				
	(3)								
	(4)	①		②		③		④	

4	(1)	A		B		C		D	
	(2)	E		F					
	(3)		(4)		(5)				

4

(1)	
(2)	cm^2
(3)	cm

5

(1)	人
(2)	人
(3)	小学校

6

(1)	a＝　　　　，c＝
(2)	通り

二〇二三年度　四日市メリノール学院中学校　入学試験（育成）　国語

受験番号

名前

合計得点

※50点満点
（配点非公表）

1

問一
A
B
C

問二

問三

問四
②
④

問五

問六

問七

2　次の年表を見て，あとの各問いに答えなさい。

年代	できごと
11 世紀後半	武士が力をもちはじめる。
1185 年	【　①　】に幕府《ばくふ》がひらかれる。
1274 年・1281 年	【　②　】が日本にせめてくる。
1333 年	【　③　】らによって幕府がほろぼされる。
1338 年	足利尊氏《あしかがたかうじ》が征夷大将軍《せいいたいしょうぐん》になる。
	【　　　A　　　】
1467 年	【　④　】がはじまる。
1573 年	織田信長《おだのぶなが》が【　⑤　】幕府をほろぼす。
1603 年	徳川家康が征夷大将軍となり【　⑥　】にB 幕府をひらく。
1641 年	オランダ人を出島に移す。

問１．年表の空欄《くうらん》【　①　】～【　⑥　】に入る言葉として最も適当なものを次のア～コからそれぞれ１つ選び，記号で書きなさい。

ア．江戸　　イ．応仁《おうにん》の乱　　ウ．鎌倉　　エ．元　　オ．後白河天皇《ごしらかわてんのう》

カ．後醍醐天皇《ごだいごてんのう》　　キ．関ヶ原の戦い　　ク．平清盛《たいらのきよもり》　　ケ．明　　コ．室町

問２．年表の空欄【　A　】の期間に入るできごととして，適当ではないものを，次のア～エから１つ選び，記号で書きなさい。

ア．足利義満《あしかがよしみつ》が征夷大将軍になる。

イ．種子島《たねがしま》に鉄砲《てっぽう》が伝わる。

ウ．京都の北山に金閣《きんかく》が建てられる。

エ．中国の明《みん》と貿易をはじめる。

問３．下線部Bの幕府の時におこなわれたこととして最も適当なものを，次のア～エから１つ選び，その記号を書きなさい。

ア．武士のきまりである，武家諸法度《ぶけしょはっと》を定めた。

イ．将軍を助ける役職として，執権《しっけん》がおかれた。

ウ．中国の唐《とう》に留学生の派遣《はけん》をおこなった。

エ．朝鮮《ちょうせん》に二度にわたってせめ込んだが，いずれも失敗した。

問５．地図のＤの島は，日本の北のはしになる島である。他の東，南，西のはしと島の名前の組合せとして適当なものを次のア～ウから１つ選び，その記号を書きなさい。

ア．東—沖ノ鳥島《おきのとりしま》　　イ．南—南鳥島《みなみとりしま》　　ウ．西—与那国島《よなぐにじま》

問６．地図のＥの地域は，東京都や神奈川県を中心とした，機械や化学製品の製造がさかんな工業地帯である。何という工業地帯か書きなさい。

問７．次の表は，りんご，ぶどう，もも，西洋なしの生産額上位５位の都道府県を示したものである。表の中のＹにあてはまる都道府県として最も適当なものを地図のア～エから１つ選び，その記号を書きなさい。

	りんご	ぶどう	もも	西洋なし
１位	X	山梨	山梨	Z
２位	Y	Y	福島	新潟
３位	岩手	Z	Y	X
４位	Z	岡山	Z	Y
５位	秋田	北海道	和歌山	北海道

「日本国勢図会 2022/23」より抜粋

1　次の地図を見て，あとの各問いに答えなさい。

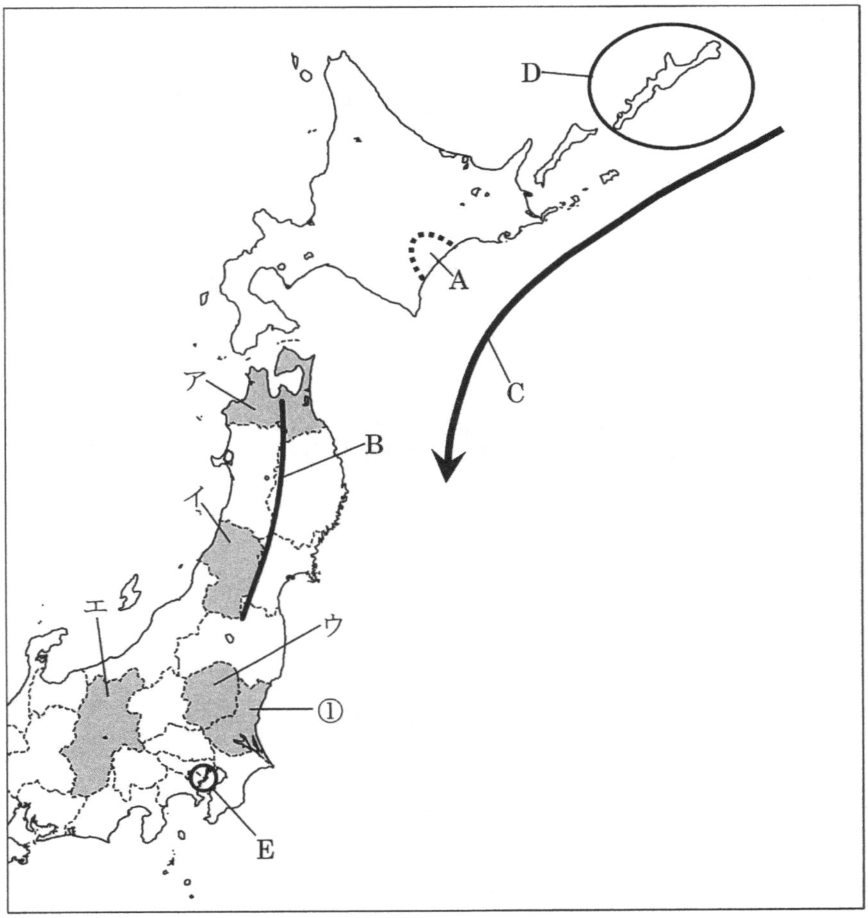

問１．地図の①の都道府県名と県庁所在地名を，解答用紙にあてはまるように
それぞれ**漢字２字**で書きなさい。

問２．地図のＡの平野として最も適当なものを次のア～エから１つ選び，その記号を
書きなさい。

ア．石狩平野《いしかりへいや》　　イ．庄内《しょうない》平野　　ウ．仙台《せんだい》平野　　エ．十勝《とかち》平野

問３．地図のＢの山脈名を解答用紙にあてはまるように**漢字２字**で書きなさい。

問４．地図のＣの矢印で示した海流として最も適当なものを次のア～エから１つ選び，
その記号を書きなさい。

ア．千島《ちしま》海流　　イ．対馬《つしま》海流　　ウ．日本海流　　エ．リマン海流

２０２３年度

四日市メリノール学院中学校

入学試験問題（育成）　社　会　（30分）

注　意　事　項

１．「開始」の合図があるまで開いてはいけません。

２．答えはすべて解答用紙に記入しなさい。

３．問題は，1から5までで，６ページまであります。

４．「開始」の合図で解答用紙に名前と受験番号を記入しなさい。

５．問題を読むとき，声を出してはいけません。

６．「終了」の合図で，すぐに筆記用具を置きなさい。

2　次の各問いに答えなさい。

(1) 右のグラフは，空気にふくまれている主な気体の体積の割合を表したものです。

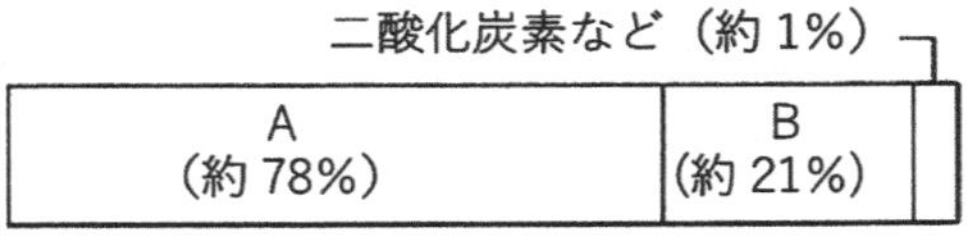

① グラフのＡ，Ｂの気体は何ですか。

② ものを燃やすはたらきがある気体は Ａ，Ｂのどちらですか。

③ Ａの気体には，色やにおいがありますか。

④ Ｂの気体には，色やにおいがありますか。

(2) 3つのびんにそれぞれ，ちっ素，酸素，二酸化炭素を集め，火のついたろうそくを入れました。

① ちっ素，酸素，二酸化炭素のそれぞれを集めたびんの中で，ろうそくはどのようになりましたか。

② 酸素には，どのようなはたらきがあることがわかりますか。

③ ②のはたらきは，ちっ素や二酸化炭素にもありますか。

(3) 酸素ボンベからびんの中に酸素だけを集める方法として正しいものはどれですか。次の（ア）～（ウ）から選びなさい。

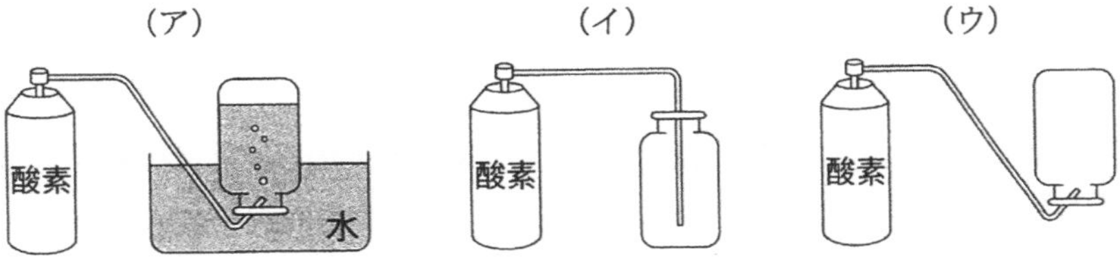

1　図のP～Tのように，かん電池のつなぎ方やコイルの巻き数を変えた電磁石をつくりました。かん電池やエナメル線はすべて同じものを使用しました。また，図Pの電磁石に方位磁針を近づけたところ，図のようにN極がYを指しました。これについて，次の各問いに答えなさい。

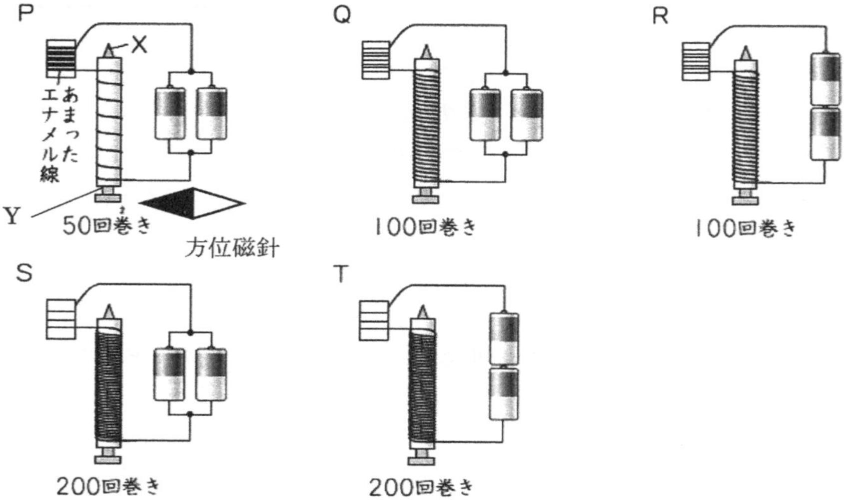

(1) 磁石の力とコイルの巻き数の関係を調べるには，図のP～Tのどれとどれを比べればよいですか，適当な組み合わせをすべて答えなさい。

(2) 磁石の力と電池のつなぎ方の関係を調べるには，図のP～Tのどれとどれを比べればよいですか，適当な組み合わせをすべて答えなさい。

(3) 図のP～Tの電磁石のうち，磁石の力が最も弱いものはどれですか，記号で答えなさい。

(4) 図のPのXに方位磁針を近づけたとき，どのようになると考えられますか，次のア～エから適当なものを選び，記号で答えなさい。

ア．方位磁針のS極がXの方を指す。　　イ．方位磁針のN極がXの方を指す。

ウ．方位磁針は動かない。　　エ．方位磁針はぐるぐる回転する。

２０２３年度

四日市メリノール学院中学校

入学試験問題（育成）　理　科　(30分)

注意事項

１．「開始」の合図があるまで開いてはいけません。

２．答えはすべて解答用紙に記入しなさい。

３．問題は，1から4までで4ページまであります。

４．「開始」の合図で解答用紙に名前と受験番号を記入しなさい。

５．問題を読むとき，声を出してはいけません。

６．「終了」の合図で，すぐに筆記用具を置きなさい。

3 次の問いに答えなさい。

(1) ある整数と 54 の最大公約数は 18，最小公倍数は 270 です。ある整数はいくつであるか答えなさい。

(2) まわりの長さが 70 cm の長方形があります。横の長さとたての長さの比は 5：2 です。この長方形の面積は何 cm^2 か答えなさい。

(3) ある小学校の 6 年生の男子の人数は 171 人で，女子の人数は全体の 55 % です。女子は何人か答えなさい。

2 次の問いに答えなさい。

(1) 次の図形の周の長さを求めなさい。ただし，円周率は 3.14 とする。

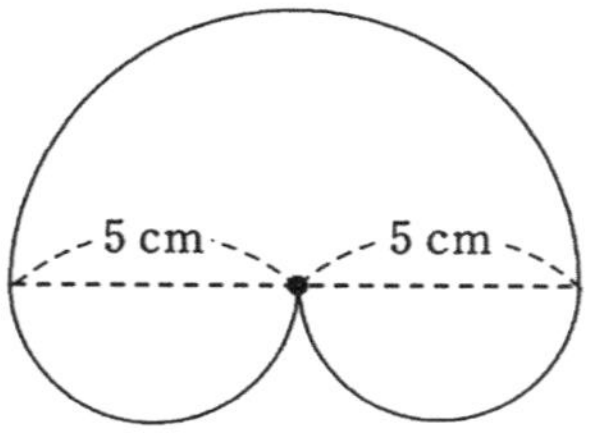

(2) 次の角柱の体積を求めなさい。

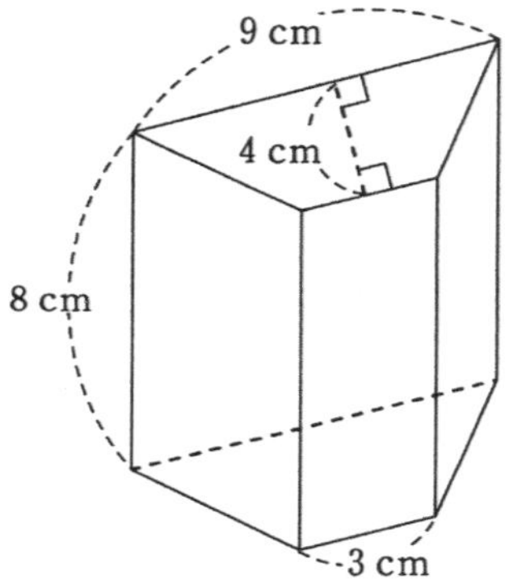

1 次の計算をしなさい。

(1) $279+123-215$

(2) $66+54\div6-3$

(3) $10-\left(\frac{1}{2}+\frac{3}{4}\right)\div0.25$

2023年度

四日市メリノール学院中学校

入学試験問題（育成）　算　数　(30分)

注意事項

1. 「開始」の合図があるまで開いてはいけません。

2. 答えはすべて解答用紙に記入しなさい。

3. 問題は，1から6まで，6ページあります。

4. 「開始」の合図で解答用紙に名前と受験番号を記入しなさい。

5. 問題を読むとき，声を出してはいけません。

6. 「終了」の合図で，すぐに筆記用具を置きなさい。

別紙1

お詫び
著作権上の都合により、文章は掲載しておりません。
ご不便をおかけし、誠に申し訳ございません。
教英出版

（溝口雅仁「森の動物と生きる５０の方法」）

問四　次の分はそれぞれ比ゆ表現になっています。（　）にあてはまることばを後から選び記号で答えなさい。

①　氷のような（　　）。

②　一日が一月のように（　　）。

③　頭を殴られたような（　　）。

微笑み・長い・短い・衝撃・安心

（以下余白）

二〇二二年度
四日市メリノール学院中学校
育成 入学試験問題

国語

（30分）

注意事項

1．「開始」の合図があるまで開いてはいけません。

2．答えはすべて解答用紙に記入しなさい。

3．問題は、1から2まで3ページあります。

4．「開始」の合図で解答用紙に名前と受験番号を記入しなさい。

5．問題を読むとき、声を出してはいけません。

6．解答は楷書でていねいに書きなさい。

7．「終了」の合図で、すぐに筆記用具を置きなさい。

2022(R4) 四日市メリノール学院中
教英出版

1 **別紙1**の文章を読んで、後の問いに答えなさい。

問一 ――部a～eの漢字をひらがなに、カタカナを漢字に直しなさい。

問二 ――部①「そんなことは問題ではなかった」とありますが、ではみんなは何が問題だ、と思っていたのですか。文中の言葉を使って説明しなさい。

問三 ――部②「世界は青くなった」とはどういうことをたとえていますか。五字で答えなさい。（句読点は含みません。）

問四 【　A　】【　B　】には生き物の名前が入ります。それぞれ当てはまるものを次から選んで記号で答えなさい。

ア うさぎ　イ きつね　ウ とら　エ すずむし　オ とんぼ　カ せみ

問五 ――部③「みんなはまた、力がぬけるのをおぼえたのである」とありますが、なぜ力がぬけるように思ったのでしょうか。考えて答えなさい。

問六 【C】には体の一部の名前が入ります。考えて答えなさい。

問七 ――部④「有頂天になる」、⑤「真にうける」の意味をそれぞれ答えなさい。

問八 【D】、【E】に入ることばの組み合わせとして適当なものを次から選んで記号で答えなさい。

ア おおらかさ・不安　イ たのしさ・くやしさ

ウ やすらかさ・つかれ　エ やさしさ・いかり

問九 【　F　】に入る言葉を、文中から十字以内で抜き出して答えなさい。

2 次の問いに答えなさい。

問一 次の――部のカタカナを漢字に、漢字をひらがなに直しなさい。

① むだをハブく　② 時間をツイやす

③ 点線にソって切る　④ 試験にノゾむ

⑤ うさぎをシイクする　⑥ 仮説を証明する

⑦ 類似品に注意する　⑧ 賃貸マンションに住む

⑨ 圧巻のアクションシーン　⑩ 委任状を提出する

問二 「あ行」から始まる四字熟語を三つ答えなさい。

問三 次の□に漢字一字を入れて類義語を完成させなさい。

① 名声＝□光　② 使命＝□務

問四 次の（　）に漢字一字を入れて対義語を完成させなさい。

① 苦手―□意　② 感情―□性

問五 次の□にからだに関係する漢字一字を入れて、慣用句を完成させなさい。

① □が上がらない（相手より自分が下だと感じて対等になれない）

② □向けできない（申しわけなくて、その人と顔を合わせるのがつらい）

③ 血□になる（目を血走らせて必死に物事を行う）

そのとき太郎左衛門が、いった。

「僕の親せきが大野にあるからね、そこへ行こう。そして電車で送ってもらおう。」

どんな小さな希望にでもすがりつきたいときだったので、みんなはすぐ立ちあがった。しかし、それをいったのが、ほかならぬ太郎左衛門であることを思うと、③みんなはまた、力のぬけるのをおぼえたのである。もしこれが、だれかほかのものがいったのなら、どんなにみんなは勇気をふるいおこしたことだろう。

やがて、大野の町にはいったとき、みんなは不安でたまらなくなったので、

「ほんとけ、太郎左衛門？」

と、なん度も聞いた。そのたびに太郎左衛門は、ほんとうだよ、と答えるのであったが、いくらそんな答を得ても、みんなは信じることはできなかった。

久助君も、太郎左衛門をもはや信じなかった。こいつは、わけのわからぬやつなのだ、みんなとはものの考えかたがまるでちがう、別の人間なのだと、思いながら、みんなにたちまじっている太郎左衛門の横顔を、するどく見ていた。すると、太郎左衛門の顔は、そっくり、【　B　】のように見えるのであった。

町の中央あたりまでくると、太郎左衛門は、

「ううんと、ここだったけな。」

などとひとりごとしながら、あっちの細道をのぞいたり、こっちの露地にはいったりした。それを見ると、ほかの四人は、ますますたよりなさを感じはじめた。また、太郎左衛門のうそなのだ。いよいよcゼツボウなのだ。

しかし、まもなく太郎左衛門は、一つの露地からかけだしてくると、

「見つかったから、こいよ、こいよ。」

と、みんなをまねいたのである。

みんなの顔に、暗くてよくは見えなくっても、さァっとd生気の流れたのがわかった。【　C　】が棒のようにつかれているのもわすれて、みんなはそっちへ走った。

いちばんあとからついていきながら、久助君は、だが待てよと、心の中でいった。あまり④有頂天になると、幸福ににげられるという気がしたからであった。なにしろ、あいては太郎左衛門なのだから、⑤真にうけることはできないはずだ。

そう考えると、またこんどもうそのように、久助君には思えるのであった。
そして久助君は、時計をならべた明るい小さい店のところにくるまで、太郎左衛門をうたがっていた。しかし、そこが、ほんとうに太郎左衛門の親せきの家だった！
太郎左衛門からわけを聞いておどろいたおばさんが、
「まあ、あんたたちは……まあまあ！」
と、あきれてみんなを見わたしたとき、久助君はeスクわれたと、思った。すると、きゅうに足から力がぬけて、へたへたとしきいの上にすわってしまったのであった。
それから五人は、時計屋のおじさんにつれられて、電車で岩滑まで帰ってきたのであったが、電車の中では、おたがいにからだをすりよせているばかりで、ひとこともものをいわなかった。【　D　】と【　E　】が、からだも心も領していて、なにも考えたくなく、なにもいいたくなかったのである。
うそつきの太郎左衛門も、こんどだけはうそをいわなかった、と、久助君は、とこにはいったときはじめて思った。死ぬか生きるかというどたん場では、あいつもうそをいわなかった。そうしてみれば、太郎左衛門も、けっして【　F　】ではなかったのである。

（新美南吉「嘘」）

6 次の問いに答えなさい。

(1) 5円玉，10円玉，50円玉が2枚ずつあります。これらを1枚以上使って，いろいろな金額を支払います。支払うことのできる金額は，全部で何通りあるか答えなさい。

(2) 下の図のように，正方形のタイルを並べます。

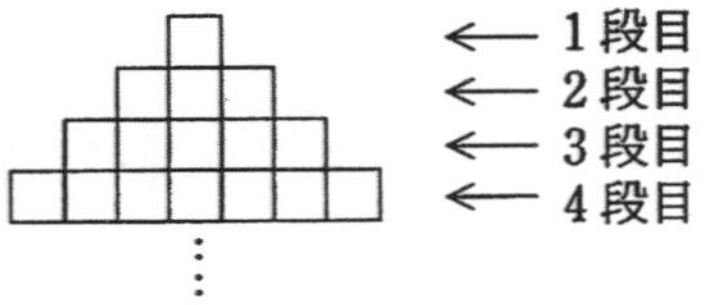

① 10段目には，正方形のタイルが何枚並ぶか答えなさい。

② 1段目から10段目までに，正方形のタイルは全部で何枚あるか答えなさい。

5 1年a組の生徒全員について，5月に読んだ本の数を調べました。下の図は，その結果をドットプロットに表したものです。

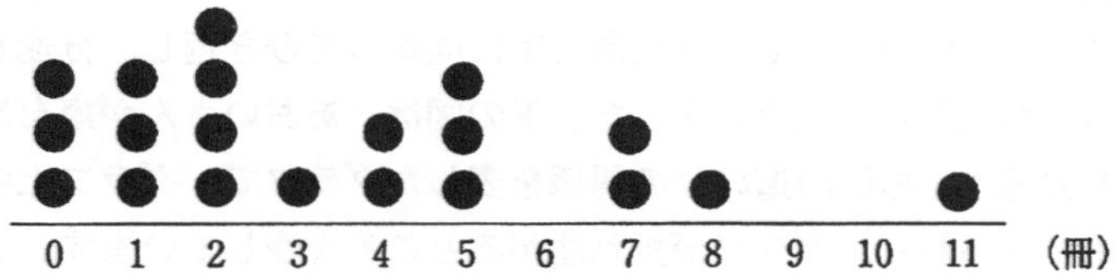

(1) 中央値を求めなさい。

(2) 平均値を求めなさい。

(3) 5月に読んだ本の数が平均値よりも多い生徒は，全体の何％にあたるか答えなさい。

4 あおいさんの家と図書館は，一本道でつながっています。
あおいさんは家を出発して，図書館に向かって分速 60 m で歩き始めました。その何分か後に，お兄さんはあおいさんが忘れ物をしたことに気づいたので，家を出発してあおいさんのあとを追いかけて，同じ道を分速 90 m で歩き始めました。その後，あおいさんは忘れ物をしたことに気づいたので，来た道を家に向かってひき返し，分速 60 m でしばらく歩いたところでお兄さんと出会いました。下の図は，あおいさんが家を出てからの時間と，あおいさんとお兄さんの間の道のりの関係を表したグラフで，グラフ上の点アから点エは，グラフの始まりや終わり，グラフが折れ曲がるところを表しています。これについてあとの問いに答えなさい。ただし，あおいさんとお兄さんの進む速さはいつも同じものとします。

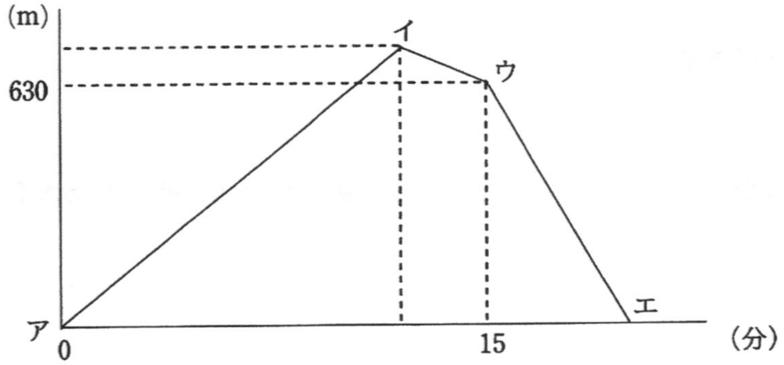

(1) お兄さんが家を出発したのは，あおいさんが家を出発した何分後か答えなさい。

(2) 2 人が出会ったあと，あおいさんは図書館に，お兄さんは家に向かって，それぞれ出会う前と同じ速さで歩きました。お兄さんが家に着いた 7 分後にあおいさんは図書館に着きました。家から図書館までの道のりは何 m か答えなさい。

4 図はふん火している火山の断面を模式的《もしきてき》に表したものです。これについて，次の各問いに答えなさい。

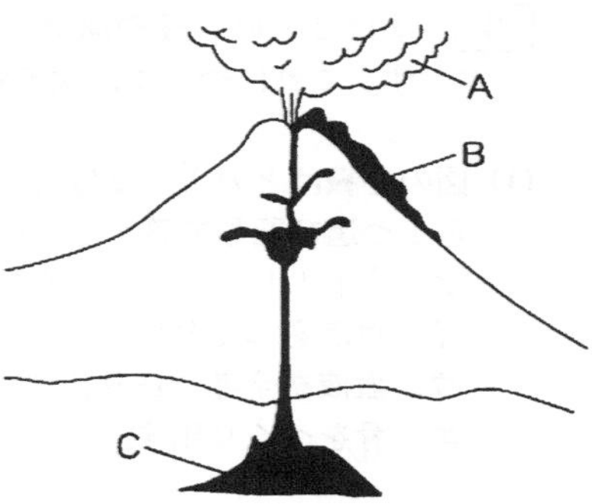

(1) 図のAは，地下にあるCがふき出したときにできたしぶきが冷えて固まってできる，細かいつぶを示しています。これを何といいますか。名前を答えなさい。

(2) 地表に降《ふ》り積もったAを水でよく洗い，ルーペで観察すると，どのようなつぶが見られましたか。最も適当なものを次のア～エから1つ選び，記号で答えなさい。

ア　角ばった形のつぶが見られ，どれも黒っぽい色をしていた。
イ　丸みを帯びた形のつぶが見られ，どれも黒っぽい色をしていた。
ウ　角ばった形のつぶが見られ，さまざまな色をしていた。
エ　丸みを帯びた形のつぶが見られ，さまざまな色をしていた。

(3) 図のBは地下にあるCが地表に流れ出したものを示しています。これを何といいますか。名前を答えなさい。

(4) 次のア～エのうち，火山活動によって起こる可能性があるものをすべて選び，記号で答えなさい。

ア　火山から流れ出たものによって山ができる。
イ　火山から流れ出たものによって森林火災が発生する。
ウ　海岸で津波が発生する。
エ　大雨が降り，川が増水する。

(5) 日本にある火山を1つ挙げなさい。（活火山か，活火山ではない火山かは問いません。）

3 図はヒトの呼吸や消化などに関係する器官を示したものです。これについて，次の各問いに答えなさい。

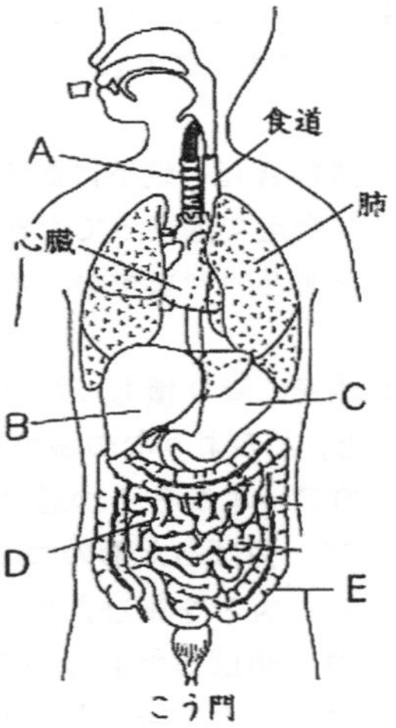

(1) 図の心臓はどのようなはたらきをしていますか，次のア～エから1つ選び記号で答えなさい。
　ア．うれしい・悲しいなど感情を生み出す。
　イ．血液をつくり出す。
　ウ．血液を全身に送り出す。
　エ．骨をつくり出す。

(2) 図の肺が①血液中に取り入れる気体，②血液中から取り出し，体外に出す気体はそれぞれ何ですか。名前を答えなさい。

(3) 図の A～E の器官を何といいますか。それぞれ名前を答えなさい。

(4) 食物の消化について，次の各問いに答えなさい。

① A～E のうち，食物が通らないのはどれですか。すべて選び，記号で答えなさい。

② 食道からこう門までの食物が通る１本の管を何といいますか。名前を答えなさい。

③ 食物は②を通る間に，胃液などの消化のはたらきをする消化液によって消化されます。口の中に出される消化液は何ですか。名前を答えなさい。

④ 胃液は，何という養分に対してはたらきますか。次のア～エから選び，記号で答えなさい。複数ある場合は，すべて答えなさい。
　ア　タンパク質　　イ　でんぷん　　ウ　しぼう　　エ　ビタミン

⑤ 消化によってできた養分は，おもにどの器官から体内に吸収されますか。図の A～E から選び，記号で答えなさい。

⑥ 吸収された養分を一時的にたくわえることができる器官はどれですか。図の A～E から選び記号で答えなさい。

6　次の年表を見て，【　①　】～【　⑤　】に入ることばを語群から１つずつ選び，あとの問いにも答えなさい。

時代	できごと
2020年　1月	【　①　】が正式にEUを離脱《りだつ》する。
2月	【　②　】がa新型コロナウイルス感染症の名称をCOVID－19に決定する。
7月	海洋《かいよう》プラスチック問題などの解決に向けて，【　③　】の有料化《ゆうりょうか》がはじまる。
2021年　1月	アメリカ合衆国で，第46代大統領《だいとうりょう》に【　④　】氏が就任する。
2月	ミャンマーにおいて国軍《こくぐん》が「クーデター」をおこす。
7月	東京で１年間延期されていたオリンピックが開催される。
8月	アフガニスタンで武装勢力【　⑤　】が首都カブールを制圧する。

語群

ア．WHO　　イ．レジ袋　　ウ．オランダ　　エ．台湾　　オ．トランプ
カ．バイデン　　キ．タリバン　　ク．イギリス　　ケ．使い捨てストロー

問１．下線部aについて，感染者への差別やワクチン差別といった人権問題が社会問題となっている。あなた自身が身近に感じた「新型コロナウイルス感染症」関連の差別の例を挙げながら，差別をなくすためにどのような取り組みをすべきか。あなたの考えを述べなさい。

問２．Ｂ班のテーマについてまとめた下の図の空欄《くうらん》【　①　】に入る日付《ひづけ》，【　②　】に入ることばを書きなさい。

公布《こうふ》された日	1946年（昭和21年）　11月3日
施行《しこう》された日	1947年（昭和22年）　【　①　】
三つの原則	・【　②　】
	・基本的人権《きほんてきじんけん》の尊重《そんちょう》
	・平和主義《へいわしゅぎ》

問３．Ｃ班のテーマについて，下の表１はおもな国の近年の児童生徒の不就学率《ふしゅうがくりつ》，表２はおもな国の近年の識字率《しきじりつ》です。表から読み取れることとして最も適当なものを，次のア～ウから１つ選び，その記号を書きなさい。

		初等《しょとう》教育における不就学率《ふしゅうがくりつ》（単位：パーセント）
日本	＊1	1.2
ウクライナ	＊1	7.2
イタリア	＊1	1.0
インド	＊2	2.3
ネパール	＊5	5.2
マリ	＊6	37.9
ニジェール	＊6	36.2

表１

		識字率《しきじりつ》（単位:パーセント）			
		男女平均	男	女	若者（男女平均）
ウクライナ	＊3	100.0	100.0	100.0	100.0
イタリア	＊4	98.8	99.1	98.6	99.9
インド	＊4	69.3	78.9	59.3	86.1
ネパール	＊4	59.6	71.7	48.8	84.8
アフガニスタン	＊4	31.7	45.4	17.6	47.0
マリ	＊1	33.1	45.1	22.2	49.4
ニジェール	＊3	15.5	23.2	8.9	23.5

表２

（『日本国勢図会 2018/19』より改編）

※不就学率…就学年齢層にあるにもかかわらず就学していない人口の割合

※識字率…原則として日常生活の簡単な内容についての読み書きができる人口の割合

＊1…2015年　＊2…2013年　＊3…2012年　＊4…2011年　＊5…2017年　＊6…2016年

ア．ニジェールでは初等教育における不就学率が36.2%と高く，識字率もマリの10分の１程度と低いため，深刻《しんこく》な貧困《ひんこん》と向き合っていることが予想できる。

イ．アフガニスタンでは男性の識字率と女性の識字率の差が２倍以上あり，貧困だけでなく，男女格差の問題も大きな課題となっている。

ウ．イタリアでは不就学率が1.0%と低いが，若者の識字率がインドよりも低く，近年の経済状況の悪化が考えられる。

4　年表の空欄【　①　】～【　⑧　】に入ることばを，語群から１つずつ選び，記号で答えなさい。

時代	できごと
1603 年	【　①　】が征夷大将軍となり江戸に幕府を開く。
1637 年	天草《あまくさ》・島原《しまばら》の一揆がおこる。
1853 年	【　②　】が浦賀《うらが》に来る。
1867 年	15 代将軍徳川慶喜《とくがわよしのぶ》が政権を朝廷に返す。
1877 年	鹿児島の士族《しぞく》が西郷隆盛《さいごうたかもり》をおしたて，【　③　】がおこる。
1890 年	初めての選挙がおこなわれ，第一回【　④　】が開かれる。
1910 年	【　⑤　】を併合《へいごう》して朝鮮《ちょうせん》とし，植民地《しょくみんち》にする。
1914 年	日本が第一次世界大戦に参戦する。
1925 年	【　⑥　】歳以上の男子が選挙権を持つようになる。
1941 年	日本がハワイなどを攻撃し，太平洋戦争がはじまる。
1945 年	広島と長崎に【　⑦　】が落とされる。
1950 年	朝鮮戦争がはじまる。
1964 年	【　⑧　】が東京で開かれる。

語群

ア．オリンピック　　イ．万博《ばんぱく》　　ウ．徳川家康《とくがわいえやす》　　エ．帝国《ていこく》議会

オ．西南《せいなん》戦争　　カ．原爆《げんばく》　　キ．足利義満《あしかがよしみつ》　　ク．南北戦争

ケ．25　　コ．韓国　　サ．ペリー　　シ．20

5　下の表は，生徒の調べ学習について，班ごとのテーマをまとめたものです。これを見て，あとの各問いに書きなさい。

班	テーマ
A 班	日本の政治について
B 班	日本国憲法
C 班	SDG s　～質の高い教育をみんなに～

問１．A 班のテーマについて，国会のおもな仕事として適当ではないものを，次のア～エから１つ選び，記号で書きなさい。

ア．国のきまりである法律を定める。

イ．国の予算を決める。

ウ．内閣総理大臣《ないかくそうりだいじん》を国会議員のなかから選ぶ。

エ．衆議院《しゅうぎいん》の解散を決める。

問七
④
⑤

問八

問九

2

問一
①
②
③
④
⑤
⑥
⑦
⑧
⑨
⑩

問二

問三
①
②

問四
①
②

問五
①
②
③

問六
①
②
③
④
⑤

2022年度 四日市メリノール学院中学校
育成 入学試験 解答用紙

算　数

受験番号		名前		得点	

1

(1)	
(2)	

2

(1)	cm^3
(2)	度

3

(1)	
(2)	：
(3)	円

2022年度　四日市メリノール学院中学校　育成　入学試験解答用紙

理　科

※50点満点
（配点非公表）

受験番号		名　前	

得点

1	(1)	①		②				
	(2)	①	X		Y			
		②	P		Q			
	(3)	①		②		③		

2	(1)		(2)		(3)			
	(4)	①		②		③		④	

3	(1)		(2)	①		②		
	(3)	A		B				
		C		D		E		

【解答用紙

2022年度　四日市メリノール学院中学校
育成　入学試験解答用紙
社　　会

※50点満点
（配点非公表）

受験番号		名前		得点	

1

問1		問2		問3	山　地
問4					

2

問1		問2		問3	
問4	賛成　・　反対				

3

問1		問2		問3		問4	

【解答用

4

①		②		③		④	
⑤		⑥		⑦		⑧	

5

問 1		問 2	①	②
問 3				

6

①		②		③		④	
⑤							

問 1													

(4)	④		⑤		⑥	

4	(1)		(2)		(3)	
	(4)		(5)			

50点満点
点非公表）

4

(1)	分後
(2)	m

5

(1)	冊
(2)	冊
(3)	%

6

(1)		通り
(2)	①	枚
	②	枚

二〇二二年度　四日市メリノール学院中学校　育成入学試験解答用紙

国語

受験番号

名前

合計得点

※50点満点
（配点非公表）

1

問一
a
b
c
d
e

問二

問三

問四
A
B

問五

3　次の年表を見て，あとの各問いに答えなさい。

時代	できごと
239 年	邪馬台国《やまたいこく》の【　①　】が中国に使いを送る。
593 年	【　②　】が蘇我《そが》氏と協力して政治を進める。
894 年	a遣唐使《けんとうし》を廃止する。
1192 年	【　③　】が征夷大将軍《せいいたいしょうぐん》になる。
1333 年	鎌倉幕府《かまくらばくふ》が滅《ほろ》ぼされる。
1590 年	豊臣秀吉《とよとみひでよし》がb刀狩《かたながり》をおこなう。

問１．年表の空欄《くうらん》【　①　】に入る人物を書きなさい。

問２．年表の空欄【　②　】に入る人物の説明として，適当ではないものを，次のア～エから１つ選び，記号で書きなさい。

ア．推古《すいこ》天皇の摂政《せっしょう》として天皇の政治をたすけた。

イ．冠位十二階《かんいじゅうにかい》の制度を定め，能力や功績《こうせき》のある人物を取り立てた。

ウ．十七条《じゅうしちじょう》の憲法をつくり，天皇中心の政治を目指した。

エ．小野妹子《おののいもこ》を遣唐使として唐《とう》に派遣《はけん》した。

問３．年表の空欄【　③　】に入る人物として最も適当なものを，次のア～エから１つ選び，記号で書きなさい。

ア．坂上田村麻呂《さかのうえのたむらまろ》　イ．源頼朝《みなもとのよりとも》　ウ．足利尊氏《あしかがたかうじ》　エ．徳川家康《とくがわいえやす》

問４．下線部aについて，この後におこったこととして最も適当なものを，次のア～エから１つ選び，記号で書きなさい。

ア．仏教が伝来し，法隆寺《ほうりゅうじ》がつくられる。

イ．日本風の文化が育ちはじめる。

ウ．漢字をはじめて使用するようになった。

エ．平安京に都がうつされ，仏教文化が栄えた。

問５．下線部bについて，これをおこなった豊臣秀吉の考えとして最も適当なものを，次のア～エから１つ選び，記号で書きなさい。

ア．農民と武士の身分をきちんと分けるため。

イ．清《しん》国に日本の武器を輸出するため。

ウ．農民にも武器を持たせ，海外との戦争に備《そな》えるため。

エ．武士の借金を帳消《ちょうけ》しにするため。

2 近畿地方の地図を見て，あとの各問いに答えなさい。

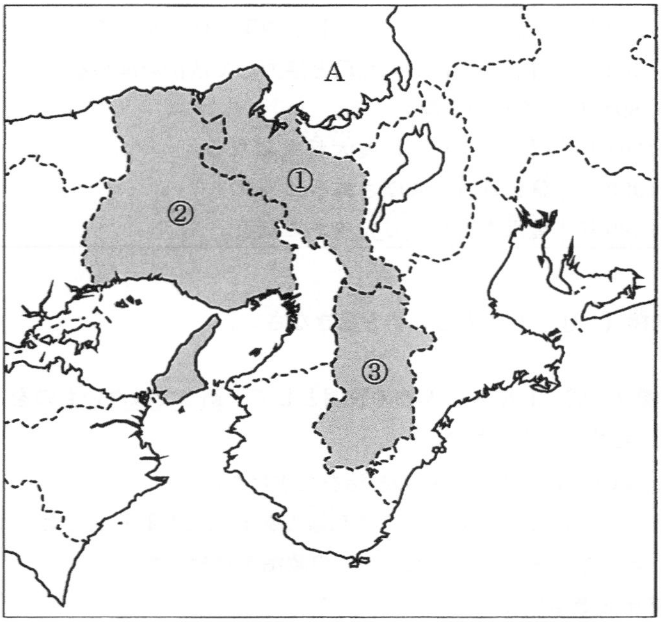

問１． 地図の①の都道府県名を書きなさい。

問２． 地図中②の県庁所在地名として最も適当なものを，次のア～エから１つ選び，その記号を書きなさい。

ア．京都市　　イ．奈良市　　ウ．広島市　　エ．神戸《こうべ》市

問３． 地図中③の都道府県の特徴《とくちょう》を述べた文章として最も適当なものを，次のア～エから１つ選び，その記号を書きなさい。

ア．日本の古都《こと》として有名であり，東大寺など多くの文化財が世界遺産《いさん》に登録されている。
イ．かつて平安京や室町幕府《むろまちばくふ》が置かれた国際観光都市で，多くの観光客でにぎわっている。
ウ．西日本の経済の中心地であり，神戸港を中心に日本有数の貿易《ぼうえき》港として栄えている。
エ．伊吹《いぶき》山地と紀伊《きい》山地に囲まれた豊岡《とよおか》盆地では，ももの栽培《さいばい》が盛んである。

問４． 地図中Ａの湾の沿岸《えんがん》には，多くの原子力発電所《げんしりょくはつでんしょ》があることで知られているが，原子力発電所の設置に賛成か反対に○をつけ，理由も含めてあなたの意見を書きなさい。

1　九州地方の地図を見て，あとの各問いに答えなさい。

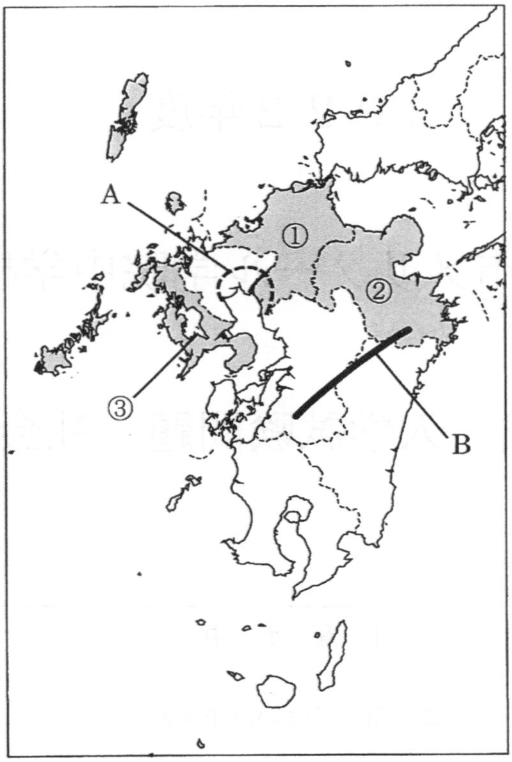

問１．地図の①～③の都道府県名と県庁所在地名の組み合わせとして最も適当なものを，次のア～エから１つ選び，その記号を書きなさい。

ア．①　大分県－大分市　　②　福岡県－福岡市　　③　沖縄県－那覇《なは》市

イ．①　福岡県－福岡市　　②　大分県－大分市　　③　長崎県－長崎市

ウ．①　大分県－大分市　　②　長崎県－長崎市　　③　鹿児島《かごしま》県－鹿児島市

エ．①　福岡県－福岡市　　②　長崎県－長崎市　　③　大分県－大津市

問２．地図のＡの平野として最も適当なものを次のア～エから１つ選び，その記号を書きなさい。

ア．筑紫《つくし》平野　　イ．伊勢平野　　ウ．関東平野　　エ．宮崎平野

問３．地図のＢの山地名を書きなさい。

問４．九州地方は2016年に大きな地震に襲《おそ》われました。最大震度《しんど》７を観測《かんそく》し，大きな被害を受けた都道府県名を書きなさい。

２０２２年度

四日市メリノール学院中学校

育成　入学試験問題　社会　(30分)

注 意 事 項

1．「開始」の合図があるまで開いてはいけません。

2．答えはすべて解答用紙に記入しなさい。

3．問題は，[1]から[6]まで，６ページあります。

4．「開始」の合図で解答用紙に名前と受験番号を記入しなさい。

5．問題を読むとき，声を出してはいけません。

6．「終了」の合図で，すぐに筆記用具を置きなさい。

2　右の図のようにして，フラスコに入れた水を熱しました。これについて，次の各問いに答えなさい。

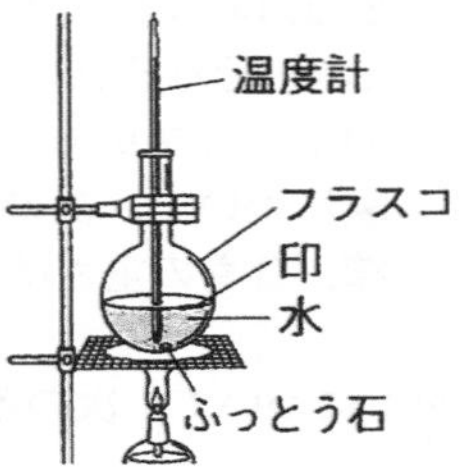

(1) 水の中からさかんにあわが出てきました。このあわのようすで正しいものはどれですか，次のア～ウから選びなさい。
　ア　加熱し続けると，はじめはあわがでるが，しばらくすると出なくなる。
　イ　加熱し続けると，水がなくなってしまうまであわは出る。
　ウ　加熱してあわが出はじめたとき，加熱をやめるとさらにはげしくあわが出る。

(2) (1)のあわの正体は何ですか。次のア～エから選びなさい。
　ア　水　　イ　水蒸気　　ウ　空気　　エ　氷

(3) フラスコの口では，白い湯気が見られました。この湯気の正体は何ですか，次のア～エから選びなさい。
　ア　水　　イ　水蒸気　　ウ　空気　　エ　氷

(4) 右のグラフは，水を熱したときの温度を調べたものです。これについて，次の問いに答えなさい。

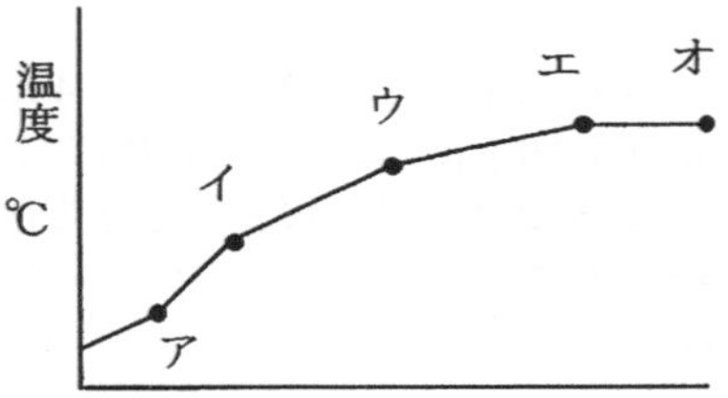

水の温度変化

① 水がふっとうし始めるのは，グラフのア～オのどれですか。

② ①のようになるのは，何℃くらいのときですか。次のア～エから選びなさい。
　ア　0 ℃　　イ　10 ℃
　ウ　80 ℃　　エ　100 ℃

③ ふっとうし始めたあとも熱し続けると水の温度はどうなりますか。次のア～ウから選びなさい。
　ア　温度は上がっていく。　　イ　温度は変わらない。
　ウ　温度は下がっていく。

④ ③のとき，水の量はどうなりますか。次のア～ウから選びなさい。
　ア　水の量は増えていく。　　イ　水の量は変わらない。
　ウ　水の量は減っていく。

1 2種類のばねXとYに，いろいろな重さのおもりをつるして，それぞれのときのばねの長さを調べたところ，図1のようになりました。ばねXとYを使ったいろいろな実験について，次の各問いに答えなさい。ただし，ばねや棒，ひもの重さは考えないものとします。

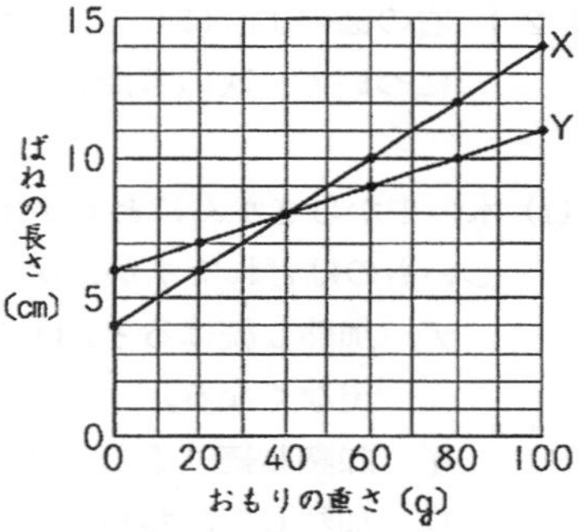

図1

(1) 図1について，次の各問いに答えなさい。

① おもりをつるしていないときのばねXの長さは何cmですか。

② ばねYに20gのおもりをつるすと，ばねは何cmのびますか。

(2) 図2のように，ばねX，Yと，おもりPとおもりQをたてにつないで，ばねの長さを調べました。これについて，次の各問いに答えなさい。

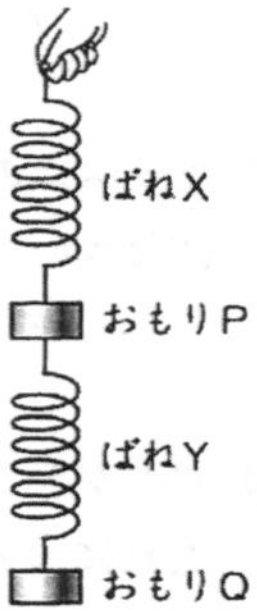

図2

① おもりPが30g，おもりQが60gのとき，ばねX，Yの長さは，それぞれ何cmになりますか。

② ばねXとYの長さがどちらも7cmになるのは，おもりPとQをそれぞれ何gにしたときですか。

(3) 図3のように，ばねXとYを42cmあけて平行につるし，その間を棒でつないで，棒におもりをつるしました。このとき2本のばねの長さはどちらも10cmになり，棒が水平になりました。これについて，次の各問いに答えなさい。

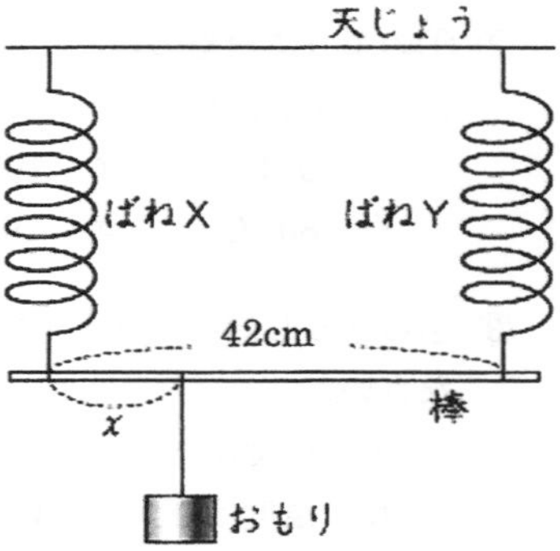

図3

① つるしたおもりの重さは何gですか。

② 図3のxの長さは何cmですか。

③ 図3のおもりの下に，同じおもりをもう1つつるしました。このとき棒はどうなりましたか。最も適当なものを次のア～ウから選び，答えなさい。

ア　ばねX側が下がった。
イ　ばねY側が下がった。
ウ　水平なままだった。

２０２２年度

四日市メリノール学院中学校

育成　入学試験問題　理科　(30分)

注意事項

１．「開始」の合図があるまで開いてはいけません。

２．答えはすべて解答用紙に記入しなさい。

３．問題は，1から4まで4ページあります。

４．「開始」の合図で解答用紙に名前と受験番号を記入しなさい。

５．問題を読むとき，声を出してはいけません。

６．「終了」の合図で，すぐに筆記用具を置きなさい。

3 次の問いに答えなさい。

(1) 次の□にあてはまる数を答えなさい。

35 分：1 時間 24 分 ＝ □：12

(2) 赤，青，黄の色紙があります。赤の色紙と青の色紙の枚数の比は5：8，青の色紙と黄の色紙の枚数の比は6：7です。赤の色紙と黄の色紙の枚数の比を答えなさい。

(3) ひろえさんは，持っていたお金の$\frac{2}{5}$でアイスを買い，残りのお金の$\frac{2}{3}$でケーキを買ったところ，580 円残りました。ひろえさんは，はじめに何円持っていたか答えなさい。

2 次の問いに答えなさい。

(1) 次の立体の体積を求めなさい。ただし，立体の角は全て直角とする。

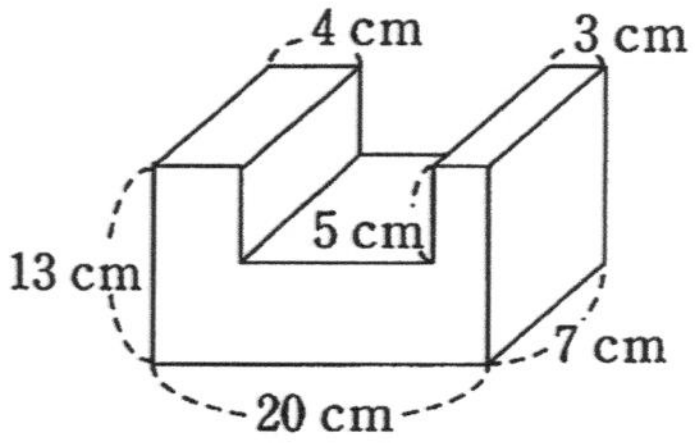

(2) 次の図で，六角形アイウエオカは正六角形です。頂点アと辺ウエ上の点キを通る直線をひきました。このとき，クの角度を求めなさい。

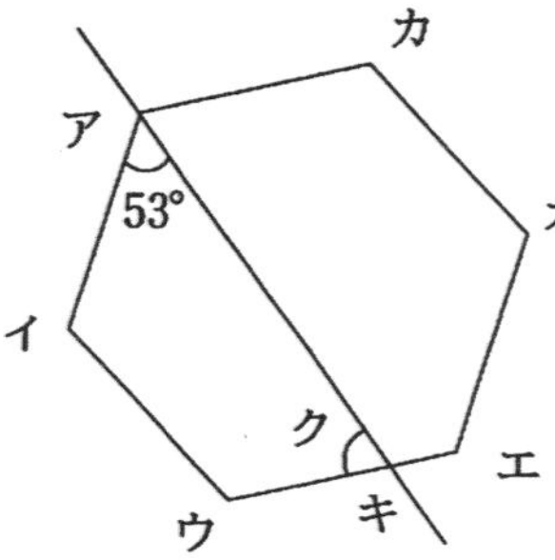

1 次の計算をしなさい。

(1) $2\frac{7}{10} \div 1.125 \times \frac{5}{18}$

(2) $2 - \frac{1}{3} \div \left\{3 - \frac{2}{3} \times \left(1 - \frac{3}{4}\right)\right\}$

2022年度

四日市メリノール学院中学校

育成　入学試験問題　算数　(30分)

注意事項

1. 「開始」の合図があるまで開いてはいけません。

2. 答えはすべて解答用紙に記入しなさい。

3. 問題は，1から6まで，6ページあります。

4. 「開始」の合図で解答用紙に名前と受験番号を記入しなさい。

5. 問題を読むとき，声を出してはいけません。

6. 「終了」の合図で，すぐに筆記用具を置きなさい。

別紙1

そして大野の町をすぎ、めざす新舞子の海岸についたのは、まさに、太陽が西の海にぼっしようとしている日ぐれであった。

五人はくたびれて、みにくくなって、海岸に足をなげだした。そして、ぼんやり海のほうを見ていた。くじらはいなかった。また、太郎左衛門のうそだった！

しかしみんなは、もう、うそであろうがうそでなかろうが、①そんなことは問題ではなかった。たとい、くじらがそこにいたとしても、みんなはもう、見ようとはしなかったろう。

つかれのために、にぶってしまったみんなの頭のなかに、ただ一つ、こういう思いがあった。

「とんだことになってしまった。これから、どうして帰るのか。」

くたくたになって、一歩も動けなくなって、はじめて、こう気づくのは、a分別がたりないやりかたである。じぶんたちが、まだ分別のたりない子どもであることを、みんなはしみじみ感じた。

とつぜん、「わッ」と、だれか泣きだした。森医院の徳一君である。わんぱくものでけんかの強い徳一君が、まっさきに泣きだしたのだ。すると、そのまねをするように兵太郎君が「わッ」っとおなじ調子で泣きかただったが、はじめた。つづいて加市君がひゅっと息をすいこんで、「うふうふン」と、へんな泣きだしだした。久助君もその泣き声を聞いていると泣きたくなってきたので、「ふえーん」とうまく泣きだした。

みんなは声をそろえて泣いた。するとみんなは、じぶんたちの泣き声の大きいのにびっくりして、じぶんたちはとりかえしのつかぬことをしてしまったと、あらためてbツウセツに感じるのであった。

そして、四人はしばらく泣いていたが、太郎左衛門は、ひろった貝がらで、足もとの砂の上にすじをひいているばかりで、泣きださないのであった。

泣いていない人のそばで泣いているのは、ぐあいのわるいものである。久助君は泣きながら、ちょいちょい太郎左衛門のほうを見て、太郎左衛門もいっしょに泣けばいいのにと、思った。こいつはなんというへんな、わけのわからんやつだろうと、またいつもの感を深くしたのである。

日がまったくぼっして、②世界は青くなった。最初に、久助君のなみだがきれたので、泣きやんだ。する

問六　次のことわざの意味を後から選び、記号で答えなさい。

①　猫の手も借りたい　②　狐《きつね》につままれる　③　袋のねずみ　④　雀《すずめ》の涙　⑤　牛の歩み

ア　ごく僅《わず》かなもの　イ　周りを取り囲まれて、どうしても逃げられないこと。

ウ　考えもしなかったことが起こり、何がなんだかわからなくなる。　エ　非常に忙しいこと。

オ　進みが遅いこと。

（以下余白）